“十二五”职业教育国家规划教材
经全国职业教育教材审定委员会审定

旅游服务与
酒店管理类

旅行社计调与外联实务

（第二版）

主　编◎陈乾康　庄剑梅
副主编◎刘海燕

LÜXINGSHE JIDIAO YU
WAILIAN SHIWU

中国人民大学出版社
·北京·

图书在版编目（CIP）数据

旅行社计调与外联实务/陈乾康，庄剑梅主编. --2 版. --北京：中国人民大学出版社，2021.11
ISBN 978-7-300-29814-6

Ⅰ.①旅… Ⅱ.①陈… ②庄… Ⅲ.①旅行社-企业管理 Ⅳ.①F590.63

中国版本图书馆 CIP 数据核字（2021）第 177244 号

"十二五"职业教育国家规划教材
经全国职业教育教材审定委员会审定
旅行社计调与外联实务（第二版）
主　编　陈乾康　庄剑梅
副主编　刘海燕
Lüxingshe Jidiao yu Wailian Shiwu

出版发行	中国人民大学出版社			
社　　址	北京中关村大街 31 号	**邮政编码**	100080	
电　　话	010－62511242（总编室）		010－62511770（质管部）	
	010－82501766（邮购部）		010－62514148（门市部）	
	010－62515195（发行公司）		010－62515275（盗版举报）	
网　　址	http://www.crup.com.cn			
经　　销	新华书店			
印　　刷	北京七色印务有限公司	**版　　次**	2018 年 2 月第 1 版	
开　　本	787 mm×1092 mm　1/16		2021 年 11 月第 2 版	
印　　张	11.75	**印　　次**	2024 年 1 月第 3 次印刷	
字　　数	270 000	**定　　价**	35.00 元	

前言

计调与外联业务是旅行社的核心业务，对于提高旅行社经营业绩具有重要作用。当前我国经济快速发展，旅游市场高度繁荣，新技术、新业态大量涌现，旅行社经营与管理不断转型升级，计调与外联业务备受重视，计调和外联工作岗位已成为职业院校学生就业的重要岗位。

2014 年教育部颁布的专业教学标准已将旅行社计调业务和外联业务列为核心课程，学好这门课程对于从事旅行社工作及培育学生的业务创新能力具有重要作用。鉴于该课程教材资源相对不足，应中国人民大学出版社之约，我们邀请了部分行业专家及职业院校教师，按照教育部颁布的教学标准，编写了这本供职业院校使用的国家规划教材。

为了使教材更好地贴近企业实际，适合职业院校教学特点，编写组参考了国内出版的同类教材，也对各类旅行社企业和职业院校进行了反复的调研，对旅行社行业未来发展趋势进行了专题研究，确定教材编写的主要思路：

（1）以旅行社产品流程和相应岗位工作流程为主线，以从事计调和外联工作必备的岗位知识和技能为重点，采用任务引领模式，突出案例教学，争取达到实用、适用、够用、好用的目的。

（2）由于旅行社专线经营较多，计调与外联工作一体化趋势明显，因此将计调与外联业务合并在一起编写，便于学生系统掌握旅行社产品从设计到销售全过程的知识，实现知识之间的融会贯通。

（3）教材各项目由“问题导入”“任务导读”“学习目标”“案例导入”“知识探究”“拓展练习”“项目答疑解惑”“项目小结”“实训练习”等构成，将理论知识与岗位实训融合、教师讲授与学生训练融合，体现职业教育“做中学、做中教”的教学理论，注重专业课程内容与职业标准的有机对接。

本书深入贯彻党的二十大精神，全面融入社会主义核心价值观。全书由陈乾康、庄剑梅任主编，刘海燕任副主编。参与教材编写工作的还有成都工程职业技术学校的王代鹃、薛春霞、邓涛、李媛、杨玉婷、余晋、李艳茹和青岛旅游学校的杨菲、邹致佳。本教材在编写过程中得到了成都纺织高等专科学校叶娅丽教授、成都市教科所唐学军老师、四川康辉旅行社毛力爽部长等专家的热情指导和大力帮助，在此表示衷心的感谢！

由于水平有限，恳请使用本教材的专家、同行们提出宝贵意见，以便不断修订完善。

编者

目录

项目一

计调与外联业务概论

问题导入

2020年初，新冠肺炎疫情席卷全球，对世界各地造成了深远的影响，各行各业都受到前所未有的冲击。尤其是全球旅游业面临严峻的挑战，旅行社、航空公司、酒店、餐馆、景区等都遭受损失。在疫情严峻时期，为全面阻隔新冠肺炎疫情传播，封城、封路、封村等使得旅游业的客流基本全面断流，旅游业基本停顿，旅游经济业绩断崖式下降，也使其资金流出现“断链”、旅游从业人员被迫失业。但有人发现，不管旅行社如何裁员，大部分计调和外联人员却被保留了下来。这是为什么呢？计调与外联人员对于旅行社而言真有那么重要吗？

任务导读

旅行社是以营利为目的从事旅游业务的企业。所谓旅游业务，是指为旅游者代办出境、入境和签证手续，招徕并接待旅游者，为旅游者安排食宿并提供翻译、讲解等有偿服务的活动。旅行社提供的食、住、行、游、购、娱等服务产品大部分不是自己生产的，而是由其他旅游企业供应的，旅行社向分项旅游产品供应商采购后加上自己的创意和服务，形成线路产品，然后销售给旅游者。旅游线路组合、相关产品采购和向同行及旅游者销售产品，就是旅行社计调与外联业务的主要内容，是旅行社最核心的业务门类。

学习目标

1. 了解旅行社计调和外联业务的定义、旅行社计调和外联业务产生与发展的历史进程；
2. 熟悉计调和外联业务工作的内容、特点；
3. 掌握计调和外联业务的作用。

任务一　计调与外联业务的产生和发展

案例导入

1841 年 7 月，拉夫巴勒要举行大型禁酒大会的消息传到了莱斯特。托马斯·库克也听到了消息，他和他的朋友们都兴奋地计划着如何参会。以前，因为交通方式和经济水平的限制，人们对这些活动是没有这么热心的。当托马斯·库克得知有很多人都想去参加这次大会后，他有了一个大胆的计划：发出邀请，把想去拉夫巴勒参加禁酒大会的人组织到一块儿，由他负责联系交通，让人们轻轻松松地出发、热热闹闹地参会、开开心心地回家。当然，这需要参加这个团体的人缴纳一定的费用。当消息发出之后，陆陆续续有 540 人报名参加托马斯·库克组织的“参会团”。7 月 5 日，由托马斯·库克包租的一整列火车，载运这 540 人从莱斯特到拉夫巴勒参加禁酒大会。这趟旅程全程 11 英里，每人收费 1 先令。此后，他又多次组织类似的铁路旅行，并逐步认识到其中蕴藏的巨大的商业机会。1845 年，他在莱斯特正式成立了托马斯·库克旅行社，开始专门从事旅行代理业务，从而成为世界上第一位专职的旅行代理商。

托马斯·库克旅行社的成立，使得旅游活动开始与交通运输业相结合，并以组织形式出现，面向大众、薄利多销，推动了旅游的社会化，促进了旅游业的迅速发展，标志着人类近代旅游活动的开端。

案例设问：旅行社的诞生与托马斯·库克的经济头脑密切相关，也与社会经济、文化的发展有着紧密的联系。从案例中，你能看出旅行社的产生和发展与社会经济、文化之间的关系吗？

知识探究

一、旅行社计调与外联业务的产生和发展

由“案例导入”可知，近代旅行社产生于 19 世纪中叶的英国，它是社会经济、文化发展的直接结果，也是旅游活动长期积累的产物。其产生的背景是：（1）生产力的迅速发展和社会财富的急剧增加，使有产阶级的规模日趋扩大，造就了一个具有较强支付能力的旅游者阶层，旅游经济条件渐趋成熟；（2）科学技术的进步，特别是以火车为代表的交通运输业的大力发展，提高了运输能力，缩短了运输时间，降低了交通费用，使大规模的人员流动成为可能；（3）工业革命加速了城市化的进程，农村人口大量涌入城市，大机器生产的枯燥性和单一性让人们产生了逃避紧张环境、回归宁静大自然的心理需求；（4）科技文化和资讯业的发展使“鸡犬之声相闻，民至老死不相往来”的封闭状态被打破，异国他乡的自然景观和文化差异催生了巨大的旅游动机，使旅游业的出现成为历史发展的必然。

旅行社出现后，作为旅行社核心业务的计调和外联业务也同时产生。旅行社计调，即

计划与调度的结合称谓，是旅行社内部专职为旅行团、散客的运行走向安排接待计划，统计与之相关的信息，并承担与接待相关的旅游服务采购和有关业务调度工作的一种职位类别。对计调而言，成本领先与质量控制是计调岗位的两大核心。旅行社外联业务就是旅行社与旅游客户（包括旅游者、旅游中间商和其他旅行社）联络，通过市场分析，设计开发旅行社线路产品并直接销售的业务。旅行社通过旅游线路设计和向提供分项旅游产品的经营者集中采购的形式，使以前旅游活动中旅游者必须多次分散购买的旅游服务变成了一次性购买，不仅降低了旅游成本，而且通过全球采购业务，把世界各地的旅游者和旅游经营者串联了起来。这是旅游活动发展史上一次重大变革，奠定了计调和外联业务在近代旅行社业务中的核心地位。

继托马斯·库克旅行社之后，为满足人们不断增长的旅游需求，旅行社在世界各地迅速发展起来。到 20 世纪初期，美国的运通公司、英国的托马斯·库克公司、比利时铁路卧车公司成为当时世界旅行社行业的三大巨头。第二次世界大战以后，世界范围内旅游业的发展与繁荣更为旅行社业务的发展提供了前所未有的机遇，旅行社进入高速发展时期，旅行社计调与外联业务也受到空前的重视，电子化、网络化和全球化已成为当今世界旅行社计调和外联业务发展的趋势。

二、我国旅行社计调与外联业务的产生和发展

1923 年，爱国人士陈光甫在上海商业储备银行设立旅行部，这是我国最早的旅行社。1927 年，该旅行部独立，更名为中国旅行社。由于战乱和经济的不发达，当时我国的旅游业规模很小，旅行社寥寥无几，旅行社计调与外联业务量少，水平较低。新中国成立后，由于认识上的偏差，旅行社行业发展迟缓；直到改革开放以后，我国旅行社管理体制发生转变，旅行社行业开始市场化，计调与外联业务才进入全新的发展时期。

（一）新中国成立以来我国旅行社计调业务的发展

新中国成立以来，我国旅行社计调工作经历了下述五个不同的时期。

1. 附属时期（从新中国成立到改革开放前夕）

这个时期，我国的旅行社属于政府的行政或事业单位，由外事部门统一管理，负责友好国家来访者、华侨和港澳台同胞的接待工作。这种接待是一种政治接待，注重政治效果而不是经济效益。因此，当时的计调工作主要就是为外宾华侨和港澳台同胞订车、订房、订餐及提供一些委托代办服务，这些工作一般由接待部门的后勤人员担任，在旅行社内部处于附属的地位。

2. 业务独立时期（从改革开放到 20 世纪 80 年代末）

随着我国旅游业的迅猛发展，旅行社的规模逐渐扩大，旅行社接待业务也日益增加。原来那种处于附属地位的计调工作越来越无法满足需要了，于是旅行社将计调工作从接待部门的后勤工作中独立出来，成立专门的计调部。对内为旅行社各个部门提供接待的各项后勤保障服务，对外与协作单位建立稳定的合作关系并代表旅行社与其签订协议。另外，计调部还是旅行社的信息中心，每天要对来自社内外的众多信息进行整理、统计和传递。

3. 职能多元化时期（20 世纪 80 年代末到 90 年代初）

当旅行社开始建立和完善计划管理时，计调部在原有编制接待计划、联系协议单位等

工作的基础上，增加了为旅行社业务决策和计划管理提供信息、制订方案、进行可行性分析等工作，即在旅行社经营管理中担负起计划管理、质量管理和业务管理的职能。

4. 服务专业化时期（20 世纪 90 年代初至 2010 年前）

20 世纪 90 年代中期以来，旅行社规模进一步扩大，从而对计调业务的专业化也提出了更高的要求。计调部门除继续承担计划管理职能外，业务重心更偏向于对分项旅游产品的统一调控和购买，以争取批量优惠，增强旅行社的市场竞争力。有的旅行社甚至将计调部分为不同的旅游专线，统筹旅游线路产品的设计和采购工作，业务上更加专业化、细化。

5. 智慧化发展时期（2010 年以后）

进入 21 世纪后，以携程、艺龙为代表的在线旅游营运商兴起，业务涵盖单项服务（酒店、机票预订）和线路产品，开启了旅游服务信息化的大门。但中国旅游业真正大规模进入智能化时代是 2010 年以后，随着移动通信技术的发展和同程、途牛、驴妈妈等在线旅行社的壮大，计调业务模式也从传统的传真＋电话向在线化、移动化、即时化、自动化和可视化方向发展，旅行社计调部门采购产品、组合线路更加快速便捷，对团队运行状态的掌控更加及时直观，与外联销售部门之间的沟通也更加顺畅，游客也可以通过自助式服务，实现产品的定制化。与此同时，传统旅行社开始分化，部分具有资源优势的旅行社开始向旅游产品批发商转型，将业务重心转向产品开发，再通过同业间委托代理服务（B2B 平台）实现产品分销，而那些有客源优势的旅行社逐渐成为其产品代理商或零售商，旅行社分工体系进一步优化。

（二）新中国成立以来我国旅行社外联业务的发展

从新中国成立到改革开放前的近 30 年的时间里，我国旅行社基本都是按照政府接待计划从事政治性接待工作的，对外销售业务极少，国内大众旅游也基本上没有开展，致使旅行社外联业务几乎处于停滞状态。

改革开放后，我国旅行社开始把注意力转向市场，从事普通旅游者招徕业务。在这种情况下，国内一些从事国际旅游业务的旅行社纷纷设立外联部，负责向海外市场销售中国旅游产品。当时旅行社主要是按不同的区域市场来设置部门，如美加部、欧洲部、日本部、亚太部等，每个部门配备若干业务员，分别负责相应的海外市场外联业务。其业务内容包括市场调查、计划制订、业务洽谈、对外报价、团队落实等，涵盖了旅游业务的各个环节，甚至还包括各地的账单审核、催收团款等业务。而从事国内旅游业务的旅行社，也设立了负责全国范围内对外联络和销售产品的部门，为了区别于国际社的外联部，而将其叫作地联部。

自 20 世纪 90 年代中期以来，我国旅游业得到了迅猛发展，从事国际和国内旅游接待的旅行社也大量涌现，旅行社之间出现了激烈竞争。为了应对竞争局面并适应国际和国内市场的需要，许多旅行社对外联部和地联部进行改组，将其合并为外联部或市场部、开发部、营销部、组团中心。尽管名称各异，但业务内容并没有本质上的区别，都以对外联络销售产品为主要业务内容，在统计时通常将旅行社接受国内外同行委托接待的团队称为“外联客人”，将自主营销组织的客人称为“自组客人”。

2010 年以后，伴随在线旅游的发展，旅行社外联模式发生了巨大变化：一方面在线旅行社迅速壮大，另一方面传统旅行社也纷纷“触网”，通过自主开发网络营销平台或者通过第三方网络平台对旅行社产品进行在线展示和在线营销。这不仅改变了传统旅行社8小时等客上门的营销模式，实现了24小时在线订购和在线支付服务，还让旅行社客源市场从本地市场向全球市场拓展，有利于旅行社业务的做强做大。

拓展练习

请同学们通过上网浏览及查阅图书等渠道，搜集能反映国内外旅行社业务发展起源与现状的资料，并将搜集到的资料汇总分析，了解计调与外联业务在旅行社中的重要作用。

任务二 旅行社计调业务概述

案例导入

某年春节前，某高校旅游系拟组织教职工出国考察新加坡、马来西亚和泰国的旅游业。经过比较，该系选择了A旅行社组织的“新、马、泰三国十日游”，双方签订合同，约定1月12日出发。12日下午2时，当全体40位教职工到达机场办理出境手续时，领队突然发现由于外国使馆工作人员的失误，把签证的有效期写错，与该旅行团的行程时间不相吻合，而旅行社计调人员未能及时发现，致使旅游团无法如期出境。经过紧急协商，客人同意由旅行社重新办理出境手续，整个行程往后顺延2天。14日，教职工们持新办的证件顺利出境。旅行社承担了重新签证、改变行程等所支出的全部费用，合计3万余元。

案例设问： 该团40位教职工无法如期出境的责任应该由谁承担？为什么？从该案例中计调人员应该吸取哪些教训？

知识探究

一、旅行社计调业务的定义

所谓“计调”，就是计划、调度、安排的意思。计调业务是整个旅行社业务运作的灵魂。因为旅行社的计调工作涉及面很广，所以旅行社计调业务的概念也就有广义和狭义之分。

广义的旅行社计调业务是指为旅行社业务决策而进行的市场调研、提供信息、编制计划等参谋类工作，以及为实现旅游计划目标而进行的统筹安排、协调联络、组织落实、协议签订、检查监督等业务类工作。

狭义的旅行社计调业务是指在旅行社的接待业务工作中为旅游团安排各种旅游活动所进行的各项具体工作，包括线路产品设计，吃、住、行、游、娱、购等事宜的安排，旅游合作伙伴的选择，导游人员的委派，旅游接待计划的制订，以及旅游预算的编制等业务。

二、旅行社计调业务的内容

（一）收集信息

收集信息是旅行社计调工作的第一步，也是计调人员开展工作的前提。计调人员每天要接触众多的旅游者、旅游服务供应商和合作伙伴，处在旅游市场的最前沿，能了解旅游者的需求及需求变化规律、供应商提供产品的质量情况、合作伙伴的愿望和诉求，因而掌握了大量的信息。身为计调人员，就是要从大量的信息中去发现、找到对旅行社的成长和发展有利的信息，并对这些信息加以收集、整理、加工、分析、归类、保存，以备业务之需。

（二）设计产品

计调人员在外联销售人员的配合下，通过广泛收集旅游供需信息，有针对性地设计出不同类型、不同消费档次的线路产品，经外联部门向市场试销，并通过试销反馈的信息对产品进行修改，确定最终产品。旅行社线路产品要力争做到科学、合理、有特色，符合市场的要求，有较强的市场竞争力。

（三）编制计划

计调人员在收到旅游团的要求后，应根据客人的要求，结合本社的实际情况，考虑旅游目的地的接待条件，科学而合理地编制旅游接待计划，从而为旅游接待工作提供依据。

（四）对外采购

计调人员向其他旅游企业或其他行业、部门购买相关旅游服务项目是其最为重要的工作内容之一。在对外采购活动中，计调人员会根据市场的淡旺季节、旅行社需求的紧急程度等因素采取不同的策略，或是集中采购，或是分散采购。但无论采取什么策略，计调人员都必须经常分析、研究市场的供求状况，了解各种旅游服务产品的市场价格，从而保证旅行社获得更多的经济利益。

（五）安排落实

安排落实接待计划，是旅行社计调人员的核心工作，旅游团队（者）能否按质按量地享受在合同中约定的各项服务，在很大程度上取决于计调人员安排落实接待计划的好坏。在旅游团队（者）确认接待计划后，计调人员会安排导游人员、调配车辆，向合作单位确认团队预订计划（包括个别景区网上订票的办理），将团队行程涉及的项目都落实到位，有效保证团队接待的质量。

（六）质量跟踪

质量跟踪主要是对旅游团队运行质量、导游服务质量、接待社服务质量、各个旅游服务提供商的服务质量进行跟踪掌握和评估考核。一旦发现质量问题，就要立即指出并责令纠正，或采取措施予以补救。

三、旅行社计调业务的特点

（一）复杂性

旅行社计调业务的复杂性主要体现在以下三个方面：第一，计调工作涉及线路产品设计、分项旅游产品采购、游客接待等具体工作，内容复杂；第二，计调工作程序繁杂，从接到组团社的报告到旅游团接待工作结束后的财务结算，各项工作都有程序；第三，计调工作涉及的关系繁杂，计调人员几乎与所有的旅游接待部门都有业务上的联系，协调处理这些关系贯穿计调工作的全过程。

（二）具体性

计调部门要收集本地区的接待情况并向旅行社其他部门预报，要接受组团社的接待要约并编制接待计划书，还要监督、检查团队运行情况，这些都涉及非常具体的事务性工作。可以说，计调部门总是忙于解决和处理采购、联络、安排接待计划等具体事宜。

（三）多变性

计调工作的多变性是由各国涉旅政策的多变性、旅游团人数和旅行计划的多变性决定的。如出入境政策的改变、旅游团人数的变化都会影响到计调人员的工作，尤其是在交通和住宿条件不能保证需要的情形下，会给计调工作带来许多不确定因素。

（四）时效性

旅行社计调人员在获悉客人或旅游团队的要求后，需要立即进行操作，包括制定线路、安排行程、采购各项服务、安排接待人员、与组团社或接待社联系等工作。计调工作对时效性要求很高，稍有延误就会影响与合作伙伴的关系和旅游团队的正常运行。

（五）创新性

计调工作最重要的内容是产品创新。旅行社产品的主体是旅游线路，包括吃、住、行、游、购、娱等相关内容。旅游产品设计是一项创新性工作，不能墨守成规，必须随着客人消费习惯的改变和旅游景区变化的情况及时进行调整、更新，才能有效地占领市场。因此，计调工作本质上是一项创新性的工作，需要从业人员具有较强的创新思维能力。

四、旅行社计调业务的作用

（一）产品设计作用

计调部门是旅行社产品的设计中心。它根据客人的消费需求和分项旅游产品供应商提供的产品信息，参考外联部门反馈的市场信息，有针对性地设计旅游线路，为外联销售人员提供强大的产品支持。它是旅行社业务的核心部门，其所设计的产品直接关系到旅行社的市场竞争力和占有率，是旅行社核心竞争力的重要体现。

（二）计划安排作用

计调部门是旅行社接待计划的下达部门。无论是组团旅行社还是地接旅行社，都是由计调部门把团队接待计划下达给相关接待部门和接待人员，并负责督促相关接待部门和接待人员确认接待信息，做好接待工作。因此，在旅行社组织系统中，计调部下达的接待计划具有最高的权威性。

（三）组织联络作用

计调部门是旅行社与当地单项旅游产品供应商的联络中枢。当收到组团社发来的要约或外联部预订单后，计调部门就要预订当地的食宿交通，将本来松散的旅游企业统一协调起来，围绕旅游团的需求运转，从而形成综合接待能力。可见，计调部门是旅游团整个行程的组织联络中枢，它保证团队行程上下站之间的顺利衔接，避免发生延误或脱节情况。

（四）参谋咨询作用

计调部门是协助旅行社决策层搞好计划管理的参谋部门。旅行社决策层要编制计划，就要掌握全面而科学的统计资料，而这些资料大部分来自计调部门。计调部门不仅掌管着旅行社接待旅游者的档案资料，而且还有与其他旅游企业业务往来的资料。对这些资料的分析和统计，有利于旅行社决策层有针对性地进行业务拓展和计划管理。

（五）费用结算作用

旅行社和饭店、餐厅、旅游车队等旅游接待单位的经济结算是以接待计划和合同为依据完成的，这些接待计划往往会因为导游的疏忽或其他人为原因而产生差错，或由于交通、气候等因素的影响而发生变化，这就给财务结算带来了麻烦。在这样的情况下，计调部门保存的旅游团原始资料就成了团队财务结算的凭证。

拓展练习

1. 简述旅行社计调业务的特点。
2. 旅行社计调业务包括哪些内容？

任务三　旅行社外联业务概述

案例导入

由于前段时期加班加点地工作很辛苦，马丽丽决定等手上的工作告一段落，就利用年休假调整一下疲惫的身心。马丽丽一直想去三亚，因为她听说那里的海水、海滩很漂亮。打开互联网，她开始搜索“三亚五日游”。在“去哪儿”网上，马丽丽看到了不同旅行社“三亚五日游”产品详情，共三类产品：

甲旅行社推出的“成都出发，三亚跟团游”，市场价 2 380 元，已有 34 人购买该产品。选择理由：价格便宜，包含蜈支洲岛、南山寺、天涯海角、亚龙湾旅游度假区等主要景点。不足之处是有 5 个购物点和自费项目。

乙旅行社推出的“成都出发，三亚自由行”，市场价 2 980 元，已有 22 人购买。选择理由：(1) 入住一晚五星级温泉酒店，可全身心感受旅游岛的休闲浪漫；(2) 绝美景点搭配：双岛（蜈支洲岛＋分界洲岛）＋热门景区（南山佛教文化苑＋天涯海角＋亚龙湾旅游度假区）；(3) 专业中文导游持证上岗，贴心服务讲解；(4) 严格执行旅游计划的承诺，绝不更换景点，绝不压缩游览时间，自由活动时间自主安排。

丙旅行社推出的“成都出发，三亚跟团游”，市场价 3 680 元，已有 6 人购买。选择理由：入住充满东南亚热带风情的高品质度假酒店，酒店拥有巨大的热带花园、2 000 多平方米的户外无边际泳池、独特的空中游泳池及 350 米的专属私家海滩。客房不仅能够观海，而且拥有一个私人阳台和私密的露台浴室，可使客人在沐浴的同时欣赏怡人的美丽海景。酒店提供的丰富新奇的海上运动项目让客人实现亲海梦想；水疗、按摩给客人放松，重获激情。

经过比较，根据自己的情况与计划，马丽丽选择了乙旅行社，在与旅行社外联部签订合同后，马丽丽就只需等着出发的日子到来了。

案例设问：旅游业的发展给旅行社带来了机遇和竞争，旅行社应该如何在激烈的市场竞争中分得一杯羹？如何得到更多“马丽丽”的青睐呢？

知识探究

一、旅行社外联业务的定义

在我国旅行社业务操作中，外联业务原指与海外旅行商的业务联络工作。随着旅游业的发展，外联业务范围逐步扩大，外联对象也从海外旅行商延伸到境内客户。因此，当前旅行社的外联业务是指具体从事旅游产品推广、实现市场营销目的的旅行社主营业务。

二、旅行社外联业务的主要内容

（一）收集信息，掌握市场

从事旅行社外联工作首先要广泛收集各种信息，包括政治、经济、文化、外交方面的信息，产品、中间商、竞争对手方面的信息，以及旅游需求及旅游需求变化等方面的信息。只有在掌握了大量的信息资料的情况下，通过分析、研究，才能把握市场，有的放矢地开展市场营销活动。

（二）确定目标，制订计划

外联人员根据旅行社发展的总体战略目标，结合对市场信息的分析研究，可确定自己的主攻方向和业务目标，并在这个目标的指导下，制订本部门和本人的工作计划。这个计划应该是旅行社外联人员进行市场开发、组织客源和销售产品的行动指南，是旅行社开展接待服务活动的基础，在保障旅行社经营战略顺利实现方面具有较强的战略意义。

（三）对外联络，建立渠道

旅行社外联人员的一项重要工作就是通过自己的努力，建立起一个覆盖面广、能有效地为旅行社招徕客源的业务网络。这个业务网络建立起来后，外联人员还要对其进行全面的管理，从而保证营销渠道的畅通。

（四）业务洽谈，销售产品

业务洽谈是外联部门与旅游经营机构和中间商为达成旅游产品的交易而进行的讨价还价等协商活动，是旅行社与客户建立联系和进行业务往来的重要途径及重要环节。外联人员要想使洽谈工作顺利，实现销售旅行社产品的目的，就要事先了解洽谈对象，并在洽谈中运用适当的技巧、灵活的态度。

（五）签订合同，达成交易

经过业务洽谈后，外联人员与客户双方都有了建立业务关系的诚意，并就共同关心的问题如旅游产品的内容、价格、付款方式和优惠条件等达成一致意见，这时便可以签订合作意向书、合同书或委托书等书面协议，明确双方的权利义务关系，从而在此基础上进行等价、平等、有偿的业务合作。

三、旅行社外联业务的特点

（一）综合性

旅行社外联业务的综合性主要体现在工作内容和工作对象上。外联人员的工作涉及许多方面的内容，如收集资料、研究市场、对外报价、进行洽谈、销售产品、草拟协议书和意向书等，这些业务都有不同的要求。从其涉及的单位和部门看，对外要与海内外的旅游客户接洽，对内要与计调部门、接待部门、财务部门打交道。所以，外联业务是一项综合性的业务。

（二）超前性

外联业务是旅行社其他业务的基础，因此每项工作都必须有一定的超前性。譬如，为销售更多的旅游产品，招徕更多的客源，必须事先对市场进行调查，收集信息，了解市场的需求；还必须根据市场的需求，配合计调部门设计出适销对路的旅游产品，采用恰当的方式宣传促销。如果外联业务人员没有超前的理念和意识，是难以做好旅游产品销售工作的。

（三）经济性

外联部门主要是组织和提供客源，其业务的每一环节都会影响旅行社的收益。因此，外联部门的工作必须注意以下三点：第一，价格的制定必须合理，既要保证效益又要有竞争力，两者缺一不可；第二，报价必须仔细，稍有疏忽就会造成较大的经济损失；第三，签订合同必须认真，各项条款都要仔细斟酌，避免主客双方的权益受到损害。

（四）可变性

由于旅行社外联工作的着眼点在市场，而影响旅游活动的可变因素又比较多，因此外联工作具有较大的可变性。一方面，国内从事旅游业务的企业不断增加，业内竞争日趋激烈，导致客源市场呈现不稳定的多变状态，而旅游者的旅游需求不断变化，客观上增加了外联部门把握旅游市场的难度。另一方面，旅游供应商产品价格波动，也会影响旅行社外联人员对产品价格和质量的把握；加之国内旅游综合配套设施在地域上的不平衡，容易引起单项热销旅游产品的相对供应不足，尤其是在旅游旺季，往往会因为两个或多个旅游团队同时到达而造成交通、住宿等接待能力不足的尴尬局面。另外，国内外政治、经济状况的变化，以及自然灾害等因素，也给外联工作增添了诸多难处。

四、旅行社外联业务的作用

改革开放以来，随着我国经济的高速增长，旅游业获得了前所未有的发展，不仅城市近郊旅游、国内旅游热潮涌动，而且入境旅游、出境旅游也全面繁荣。旅游消费已经从时尚转变为生活的必需。但是，旅游业的发展带来旅游竞争的加剧，外联人员作为旅游市场重要的“操盘手”，在旅游竞争中处于主导地位，对于旅行社生存和发展具有无可替代的作用。

（一）外联业务决定着旅行社市场份额

旅行社业务能力主要表现为占有旅游市场的份额。外联人员的核心任务是熟悉旅游市场，把握市场商机，寻找符合旅行社定位的目标市场，为旅行社招徕更多的客源，带来更好的经济效益。从这个意义上讲，外联业务对旅行社的市场占有率起着决定性的作用。

（二）外联业务是旅行社改进产品的重要参考

旅行社计调部门在设计旅游线路时，离不开外联部门对市场的分析和判断；当产品推向市场后，外联部门反馈的意见和建议又成为旅行社计调部门改进旅游产品的重要参考。尤其是当前旅游市场国际化程度高，产品更新换代快，旅游者消费需求千差万别，计调部门要在纷繁复杂的旅游市场中推出有市场竞争力的线路产品，外联部门的配合和支持是必不可少的。

（三）外联业务是旅行社处理投诉、收回资金的重要依靠

外联部门重要的职责之一是代表旅行社与游客或其他组团旅行社洽谈旅游业务，签订旅游合同，收取旅游费用。外联人员作为旅行社的代表和旅行社首问责任人，既要向游客或其他组团旅行社解释旅行社线路产品的内涵，避免误读，又要倾听对方的倾诉，满足客户合理的要求。当发生旅游纠纷时，外联人员应当尽量大事化小、小事化了，避免矛盾激化，或者按照旅游合同的约定，维护旅行社的合法利益，最终达到不损害旅行社声誉并顺利收回全部团款的目的。

拓展练习

请同学们完成一个小调查，调查你周围的人（至少 20 人）最想去的地方是哪儿。选择其中一个地方，为他们设计（或选择）一份让他们基本满意的旅游产品。

旅游意向调查表

序号	姓名	最想去的地方	理由

项目答疑解惑

旅行社计调与外联业务，即从事旅游线路设计、单项旅游产品购买和向旅游者销售组合旅游产品的业务，这些业务的运作状况关系着旅行社的经济效益和市场竞争力，因此是旅行社最核心的业务门类。计调工作非常琐碎，计调人员在工作时一定要细心，仔细检查每个环节，避免因小差错造成大损失。外联业务在旅行社诸多业务中占有重要地位，外联人员只有知己知彼，主动出击，线上线下结合，才能赢得市场，获得良好的经济效益。

项目小结

本项目对旅行社计调与外联业务的产生和发展作了简要阐述，同时分析了计调和外联业务工作的内容、特点、作用。通过本章的学习，学生可以了解旅行社计调和外联业务的定义，掌握计调和外联业务的作用，为全面学习旅行社计调与外联实务奠定基础。

实训练习

一、选择题（可多选）

1. 下列属于旅行社计调业务特点的有（　　）。

A. 具体性　　B. 创新性　　C. 超前性　　D. 时效性

2. 下列各项中，关于旅行社外联业务的说法不正确的一项是（　　）。

A. 外联人员通过对旅游市场广泛调研，把握市场发展的商机，寻找符合旅行社定位的目标市场，为旅行社招徕客源，带来经济效益

B. 旅行社计调部门在设计旅游线路时，离不开外联部门对市场的分析和判断，当产品推向市场后，外联部门反馈的意见和建议又成为旅行社计调部门改进旅游产品的重要参考

C. 外联部门重要的职责之一是代表旅行社与游客或其他组团旅行社洽谈旅游业务，签订旅游合同，收取旅游费用

D. 当收到组团社发来的预订单后，外联部门就要预订当地的食宿交通，将本来松散的旅游企业统一协调起来，围绕旅游团的需求运转，从而形成综合接待能力

3. 在旅行社的运营管理中，起着联系各方作用的部门是（　　）。

A. 外联部　　B. 接待部　　C. 计调部　　D. 财务部

二、案例分析题

2020 年 5 月中旬，北京某旅行社组织了一个赴四川乐山旅游的大型旅游团，双方约定出游日期是 2020 年 10 月 1 日，住宿标准为四星级。随着国内疫情的好转，风险等级降低，各地陆续解封，市场出现了报复式反弹消费，旅游人数暴增。当团队如期抵达四川乐山后，当地旅游人数爆发式增长，乐山地接社订房相当困难，而且价格也大涨，原来的价格根本订不到挂牌四星级宾馆。于是，地接社与组团的北京某旅行社协商后，向客人提供了按四星级标准装修的宾馆，即所谓“准四星”，客人虽有异议，但限于当时无房可订的窘境，也只能接受。当晚，团队中一位老年女游客淋浴时在卫生间滑倒，导致手臂和手腕多处骨折，被送到市人民医院紧急救治。调查发现，该客房淋浴间的玻璃门早已损坏，宾馆方只挂上个布帘遮挡，未能有效防止淋浴间的水外溅，致使老人在卫生间滑倒摔伤。最后，客人以旅行社提供的“准四星”宾馆未能达到合同约定的挂牌四星级标准、其客房设施损坏而致客人摔伤为由，向组团旅行社提出赔偿要求。经过旅游质监部门调查，投诉属实。组团旅行社不得不赔偿客人治疗费、误工费、护理费等共计 16 000 余元，并且还受到旅游质监部门的行政处罚。

问题：

因为游客在宾馆滑倒摔伤，北京某旅行社不仅要承担经济赔偿，还受到了行政处罚，这样的结果是什么原因引起的？北京组团社能否向乐山地接社追偿？这样的结果该如何避免？（《案例研讨表》见附录四）

项目二

计调与外联业务的组织保障

问题导入

既然计调与外联业务是旅行社的核心业务，计调与外联业务的正常有效开展便极为重要，你知道计调与外联部门如何才能有效运转吗？你知道计调与外联部门设置的原则和要求是怎样的吗？

任务导读

旅行社要在激烈的旅游市场竞争中取得不俗的业绩，必须重视计调部对旅游产品的设计与开发，重视计调部与外联部的积极配合，重视团队接待质量。旅行社部门设置合理，各岗位人员各司其职，部门间互相配合，对于提高旅行社业务效率、增加收益、提高游客满意度具有重要意义。

学习目标

1. 熟练掌握计调与外联业务部门的组织构架方式、构架原则和岗位责任；
2. 熟悉计调与外联业务人员必备的素质；
3. 了解计调与外联业务部门和旅行社其他业务部门的关系；
4. 明确计调与外联人员的岗位职责，树立正确的职业意识，培养良好的职业态度和道德规范。

任务一　计调与外联业务部门的设置

案例导入

吕小柳最近有点烦。她是某旅行社外联部经理，主要负责市场销售，本来工作已经很忙，但旅行社王总却让她协助计调部处理一个大型会议团队的事务，而她自己手上的工作只能委托他人或者往后推延。当忙完大型会议团队事务回到外联部后她才获知，由于下属业务不熟悉，原来准备签合同的几笔订单被客人取消了，还有个旅游团发生了严重投诉，这让吕小柳感觉非常郁闷。

案例设问：吕小柳郁闷的原因是什么？面对王总不恰当的安排，吕小柳应当如何合理地处置？

知识探究

一、旅行社计调与外联业务部门设置的原则

不同旅行社对于计调和外联业务部门的设置不尽相同。这种不同既可能体现在称谓上（如将外联部改称市场部或销售部），也可能表现为部门权限的差异（如一些旅行社的计调部业务可能包含接待部和票务部的业务内容，外联部业务也可能涉及线路产品的微调和报价业务等）。但不论如何称谓、如何界定，各家旅行社在设置计调和外联业务部门时都必须遵循下述一些基本的原则。

（一）目标统一原则

任何组织都是为完成其特定的目标而设立的，组织中的每一部分都应该与实现既定的组织目标有关，否则就失去了存在的意义。旅行社计调和外联部门设置的核心目标，是进行旅游产品的设计、组织和销售，以实现旅行社产品效益的最大化。

（二）分工协作原则

分工可以加强管理的专业化，提高工作效率。旅行社通过部门分工，把组织的目标分解为各级、各部门乃至个人的具体业务目标，并赋予其相应的职责和权限，从而达到专业化经营管理的目的。但旅行社不能因为部门分工而割裂旅游产品，部门分工只有建立在部门协作基础之上，才能实现最优化的效率和效益。

（三）精干高效的原则

旅行社计调与外联部门的设置应从本企业实情出发，遵循“人人有事做，事事有人做”的精干高效原则，使每个员工保持满负荷的工作状态，使企业的组织结构保持高速、高效的运转状态。

（四）责、权、利明确且对等的原则

旅行社计调与外联部门一经建立，就必须根据岗位职务规定严格的职责，并授予这些

岗位相应的权限，使每位管理人员都明晰自己的权与责。在这里，权力是履行责任的条件，责任是行使权力的目的，二者关系对等。

尽责用权还必须与经济利益相结合。获取相应的经济利益是负责者不可侵犯的权利，也是约束用权者的条件。为此，在明确计调与外联部门各个岗位职务责、权、利的同时，还必须注意提高管理者个人的素质，并注意因事设岗、因能授权。

（五）统一指挥的原则

旅行社计调与外联部门中，最基本的关系就是上级与下级的关系，或者说是权力与责任的关系。要处理好这个关系，就必须遵守统一指挥的原则。统一指挥的原则规定，任何人只对自己的上级负责，任何人都不应接受两个或两个以上上级的直接指挥；上级不越级向下发命令（若下级管理者不称职就应该撤换，而不是用越级指挥的方式来代替）。需要特别强调的是，在组织管理中，上级虽不得越级指挥下级，却可以越级检查下级的工作；下级虽不得越级请示，但可以越级上告或提出建议。

二、旅行社计调与外联业务部门的组织结构

在遵循以上设置原则的基础上，旅行社计调与外联业务部门多采用下述几种组织结构。

（一）传统旅行社常用的计调与外联业务部门组织结构

图 2-1 是传统旅行社常用的计调与外联业务部门组织架构方式，计调部与外联部独立设置，两个部门是平等合作的关系，互不统辖，各自对总经理负责。在这种体制下，旅行社产品研发由计调部与外联部共同协商决定，计调部负责分项旅游产品的采购和线路组合，外联部则根据市场需求提出合理化建议；产品确定后报总经理批准，最后由外联部对外销售。这种组织构架有利于计调和外联业务的专业化管理，但容易产生决策缓慢、分工不清、互相推诿的现象，因此这种组织构架对部门合作提出了较高的要求。

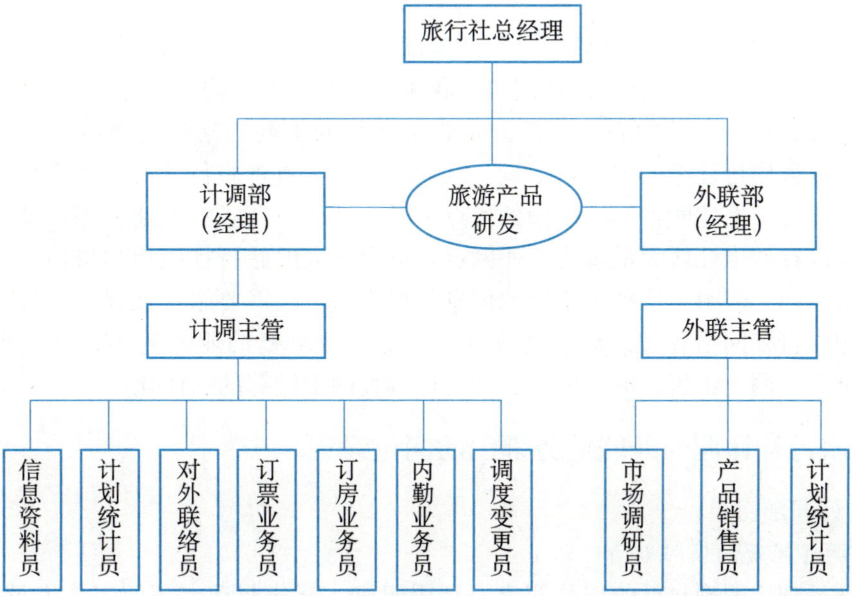

图 2-1　传统旅行社常用的计调与外联业务部门组织结构图

（二）采用部门承包经营模式的旅行社计调与外联业务部门组织结构

图 2－2 是采用部门承包经营模式的旅行社计调与外联业务部门组织结构图。旅行社根据不同区域和团队性质设置不同的业务部门，各部门下设专线，专线主管既负责该线路的计调工作，也承担外联业务，即计调与外联设在同一个部门。这种设置方式避免了计调与外联业务各自为政而出现的脱节现象，而且其专业化程度更高，大的专线甚至可以发展成当地旅游产品的批发商，既接纳本旅行社客户，也接纳其他旅行社的散客。但这种小而全的组织架构也造成部门间的相对封闭，旅行社资源共享度不高，难以建立起强大的外联销售网络，不利于旅行社做大做强。

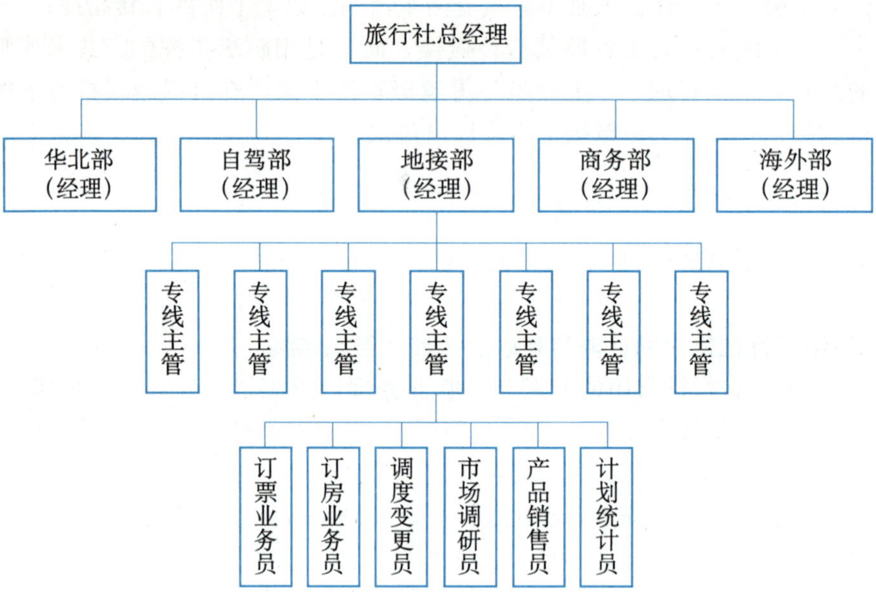

图 2－2　部门承包经营的旅行社计调与外联业务部门组织结构图

（三）现代大中型旅行社计调与外联业务部门组织结构

图 2－3 是现代大中型旅行社计调与外联业务部门组织结构图。它以旅游产品为中心，把计调部改称旅行社产品中心，负责分项旅游产品的采购、旅游线路设计和运行调度工作；外联部改称旅行社组团中心，下设一系列门市部，负责旅行社产品的推介和销售。这种组织架构综合了上述两种组织结构的优点，既有计调与外联的专业分工，又有专线的优势，而且可以在城市社区大量设置营业网点，形成强大的旅行社销售网络，是我国旅行社发展的重要方向。但由于这种组织架构信息化程度高，故需要旅行社建立完善的网络信息平台并采用旅行社网络管理系统作为支撑，才能完成顺畅的业务链接并最终实现网上咨询、网上推介、网上销售、网上成团、网上计调和网上结算的一体化。

三、旅行社计调与外联业务部门的岗位设置

（一）计调部门

1. 计调部经理的岗位职责

计调部经理应明确自己的岗位职责，利用职权，充分调动本部门工作人员的积极性，

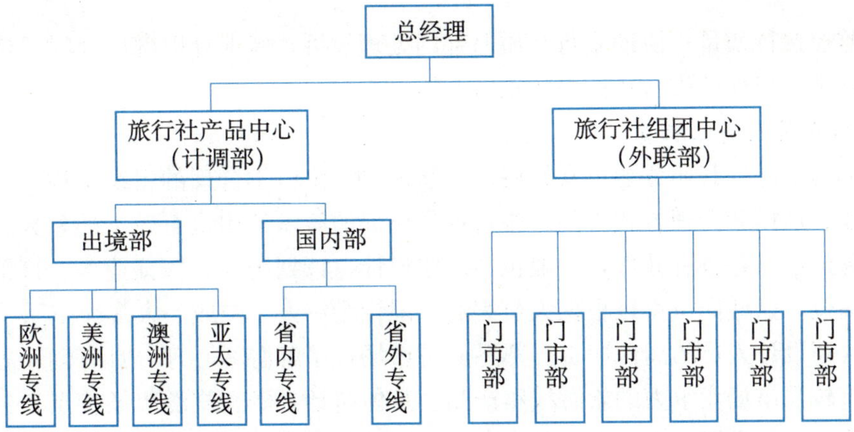

图 2-3　现代大中型旅行社计调与外联业务部门组织结构图

把本部门经营好、管理好。具体来讲，计调部经理的岗位职责包括以下几个：

（1）经营、管理计调部。计调部经营既包含了旅行社中长期发展规划、特色产品和优势产品规划设计等宏观内容，同时也更多涉及具体团队运作的计划，如线路设计，团队运行中的组织、协调、指挥，财务结算，等等。管理好计调业务，让每位员工充分发挥自身的潜能，是计调部经理的首要职责。

（2）制定和实施本部门的各种规章制度。计调部要进行经营活动，必须建立和健全岗位责任制度。计调部经理要根据本部门的实际情况，制定各种规章制度，把本部门各种常见的、具体的事务落实到人，做到事事有人管、人人有专责、办事有标准、作业有程序、工作有检查，从而使计调部有一套科学和合理的管理制度。

（3）编制计调部的各种工作规程。工作规程的编制总以某一特定的工作为对象，如发传真、打电话、编制接待计划等。规程要具体规定工作过程中有多少环节，每一个环节有多少内容，每个内容中的动作、语言、手续、时限及与其他工作部门的联系程序如何，等等。在日常管理中，经理只要把大家的工作都控制在工作规程之中，整个部门也就能顺利运转了。

（4）收集信息，为总经理做决策提供依据。计调部在工作中接触的面最广，掌握的信息也较全面，因而计调部经理应做好旅行社总经理的参谋。旅行社总经理在决策时往往需要全方位地了解资料，计调部应做好信息的收集工作，随时为总经理提供有用信息，帮助总经理做出正确决断。

（5）审定本部门财务开支。旅行社为了工作的方便，往往赋予计调部经理有限的财权，包括可以审核、开支本部门的业务费用，有权对本部门财产报损、对员工给予奖惩，等等。当然，计调部经理行使上述权力时，应以不影响旅行社的全盘计划和能促进计调部的经营管理为前提。

（6）培训、选拔本部门业务人员，激励并发挥部属的工作积极性。计调部经理有义务对本部门员工进行业务培训，使员工明确岗位职责，切实做好本职工作；此外，计调部经理还应利用行政职权，对本部门业务人员进行奖罚，如升迁、奖励和处罚等，并报总经理批准。

（7）监控接待质量；协助旅行社质监部门处理投诉；督促计财部门及时足额缴存旅行社质量保证金，以保证旅行社业务的正常开展。

2. 计调人员的岗位职责

计调部为了保证其业务能正常开展，必须建立一个科学合理的组织机构。由于各个旅行社的职能、规模和管理方式不同，旅行社计调部的组织架构也有较大的差异。不过，计调部的内部岗位设置也有共性，一般包括线路设计、计划统计、签证业务、订票业务、订房业务等岗位。这些岗位可以根据人员编制情况设为一人一岗或一人多岗。

（1）线路设计人员的岗位职责。熟悉旅游市场，了解游客心理，具有创新思维，能够设计出具有较强市场竞争力的旅游线路产品。具体包括：研究旅游市场特点；分析竞争对手产品的优劣；研究游客心理学；善于设计不同类型和档次的旅游产品；及时根据市场反馈情况优化产品。

（2）计划统计员的岗位职责。计划统计员负责根据本部门的业务要求编制各种业务计划，统计旅行社的各种资料，并做好档案管理工作。具体包括：承接并向有关部门及人员分发旅游团的接待计划；承接并落实各地旅行社发来的接待计划；编写全社年度业务计划；统计全社旅游业务月、季报表，编写接待人数月、季报告；向旅行社的决策部门、财务部门提供旅游团流量、住房、交通等方面的业务统计及分析报告；向旅游主管部门上报团队信息。

（3）签证业务员的岗位职责。签证业务员负责游客签证办理工作，确保旅游团队顺利出行。具体包括：熟悉护照和签证办理的相关政策、程序；收取办证所需的资料和费用（含部分旅行社收取的出国保证金）；顺利办理签证；处理团队签证遗失、分签等具体事宜。

（4）订票业务员的岗位职责。订票业务员负责旅游团（者）各种票据的订购。具体包括：联系景区，签订优惠协议，并办理旅游团队网上或电话订票业务；负责旅游团队机、车、船票预订及更改事宜；根据旅游团规模申请包机、包车业务；预订旅游团文艺节目票证；负责与合作单位做票务方面的财务结算工作。

（5）订房业务员的岗位职责。订房业务员负责旅游团订房订餐业务。具体包括：负责与饭店洽谈房价，签订订房协议书；根据接待计划中客房预订要求，为旅游团预订住房；为旅游团队订餐；负责住房预订的变更、取消事宜；负责包房使用、销售、调剂工作；协同财务部门做好旅游团用房的财务核算工作。

（二）外联部门

1. 外联部经理的岗位职责

外联部经理在总经理的领导下全面负责外联部的工作，具体包括：

（1）外联计划管理。外联部经理应及时制订本部门年度和近期的外联业务计划及相应的实施步骤。外联计划通常包括旅游市场最新的动态研究，旅游产品的种类、销售方式和价格，促销目标和成本等内容。外联计划的制订应符合旅行社的实际状况和外联部门的实际承受能力，量力而行，实事求是。

（2）旅游产品质量跟踪。外联业务的特殊性要求旅游产品必须具有较高的质量，才能树立旅行社良好的企业形象，从而稳定市场客源。外联部经理应主动定期或不定期配合上级部门对旅游产品进行抽查，发现问题及时纠正，确保产品的高质量。

（3）产品成本控制。旅游市场变化频繁，旅游产品经营成本较高，这要求外联部经理必须加强对外联人员的业务指导，在保证产品质量的前提下，加大市场促销力度，降低产品经营成本。

（4）信息沟通与反馈。外联部经理承担着上传下达的责任，既要积极争取上级领导的指导和关心，使外联工作服务于旅行社的经营总目标，又要善于收集各类信息，主动上报，以利于上级部门的决策。

（5）构建旅行社销售渠道。外联部经理要负责旅行社销售网络的营建工作，如：协助旅行社独立或与在线平台商合作，建立在线营销系统；管理在线营销人员，及时提供在线咨询、预订和投诉处理服务；负责选择合适的地段建立旅行社营业网点，考察并向总经理推荐合适的门市加盟商；对旅行社门市主管进行业务培训和管理；对于重大的销售业务，外联部经理应代表旅行社出面洽谈。旅行社重要的客户，原则上应由外联部经理与之保持沟通和联系。

2. 外联人员的岗位职责

外联业务分成市场、销售、计划三大板块，每一板块配置若干业务人员。市场板块负责信息收集、市场调查、客流动态预测工作，为产品制作和市场销售提供依据。销售板块主要负责设计和制作旅游产品，对外推销、洽谈和报价以及承接旅游业务。计划板块则负责统计各种资料，编制各种业务计划。这种机构运作方式的长处是分工明确，强调合作。外联部门通常设置的岗位及具体职责如下所述：

（1）市场调研员的岗位职责。市场调研员要做好旅游市场调查工作，研究国内外旅游市场的发展动态，及时向旅行社经营决策者提供通过调查和预测得出的结论，如产品质量、客户情况、发展趋势等市场信息，以便决策者做出正确的经营决策。

（2）产品销售员的岗位职责。产品销售员包括在线销售和实体店销售两大类，要求认真研究消费者的旅游动机和心理；要与客户进行业务洽谈，提供咨询、招徕和售后服务；代表旅行社与游客签订旅游合同，跟踪团队服务；积极参加旅游展销、促销活动，做好对外旅游宣传工作，树立旅行社的良好形象，招徕更多的客源。

（3）计划统计员的岗位职责。计划统计员负责收集各种市场销售信息和当地最新的旅游市场信息；根据外联部门的业务要求编制各种业务计划；统计旅行团的各种资料；做好各种档案管理工作。

拓展练习

旅行社计调与外联业务部门的设置原则有哪些？具体的机构设置形式又是怎样的？

任务二　计调与外联人员的职业素质要求

案例导入

“十一”黄金周期间，一旅游团在从九寨沟返回成都的途中遭遇公路塌方，只能在某县停留一宿。但由于黄金周期间酒店客房资源相当紧张，这个旅游团的人数又比较多，组织该团的旅行社计调部联系了很久，才将游客分别安置在两家酒店。联系妥当后，计调人员立即告知导游将要入住的酒店的名称，但由于计调人员口误，把“大发酒店”说成“大华酒店”，害得导游和司机在陌生的城市里到处找，耽误了游客大量时间，引起游客不满。

案例设问：案例中计调人员的一时失误给旅游团带来了很大的麻烦。计调外联人员需具备哪些职业素质才能做好工作？

知识探究

一、职业意识

（一）促销意识

旅行社从事的是旅游产品生产与销售工作，因此从业人员必须具备促销意识。促销意识是以计调和外联业务人员充分理解该业务在旅行社经营活动中的重要性为基础的。旅游销售实际上是一种服务承诺，旅游者购买的只是一种预约产品。旅行社能否实现销售承诺，旅游者对旅游消费是否满意，很大程度上取决于旅行社计调和外联工作做得好坏。

通过对外采购和协调，保证旅游活动顺利开展，是旅行社做好销售工作和业务决策的前提。一旦计调工作出现失误，势必造成旅游产品设计的缺陷或旅游服务链的断裂，轻则会影响旅游销售，重则可能诱发重大旅游投诉，使旅行社在经济上和声誉上蒙受损失。因此，旅行社计调人员促销意识的重点，是树立创新意识、质量意识和品牌意识，通过特色旅游产品的开发和对每一个旅游团队的优质服务，争取更好的市场口碑，获得更多的旅游客源。外联业务负责旅游产品的销售工作，只有具备强烈的促销意识，才能主动地把握市场动态，发现商机，建立稳定的客户群，从而科学地确定全年销售计划，并通过强有力的销售策略完成销售任务，达到以销售创新抢占市场的目的。

（二）全局意识

旅行社是一个有机整体，由众多部门组成，各部门担负着不同的职能，但每个部门都围绕着旅游服务展开工作，所以各部门工作既有分工，又有密切的联系。计调和外联这两个业务部门是旅行社的核心部门，计调与外联人员只有时刻以旅行社工作大局为重，加强与各部门的联系与合作，才能实现部门效益乃至旅行社效益的最大化和最优化。

（三）服务意识

计调和外联工作是旅行社服务工作的重要组成部分。从表面上看，计调人员所从事的分项旅游产品采购工作、线路产品设计工作并不直接与游客打交道，但当计调人员采购、设计旅游产品时，必须把游客利益放在第一位，以提高游客满意度、树立良好的市场口碑为目的，因此服务意识应该是计调人员最基本的职业意识；外联销售人员负责收集市场信息，了解游客需求，销售旅游产品，树立全心全意为游客服务的意识更是其顺利开展外联销售工作、实现业绩增长的必要前提。

（四）质量意识

质量意识是确保旅行社提供高旅游服务质量的先决条件。在服务过程中，业务人员要提高对服务质量的重视程度和自觉程度，树立“服务就是客源，质量就是效益”的观念，增强保证质量的责任感、使命感和紧迫感。

（五）协作意识

协调好与各方面的关系是计调和外联业务部门开展工作的基本前提。在旅行社内部，计调和外联业务部门需与接待部、综合业务部和财务部等部门发生频繁的业务往来，必须注意工作的协调；在旅行社外部，计调和外联部门还要与交通部门、饭店、旅游景点、商场等单位合作。因此，计调和外联部门的业务人员必须树立较强的协作意识，要善于与各部门各单位合作，善于与他人沟通和交往，以便赢得各方的配合和支持。

（六）效率意识

旅行社业务具有较强的时效性，旅行社每天接待的旅游团队很多，计调和外联部门往往要同时面对多个旅游团队，因此工作中只有环环相扣，注重效率，才能避免差错，使每一个旅游团队都能享受到保质保量的服务。

二、职业道德

旅行社计调和外联业务人员应具有以下职业道德：(1) 遵纪守法，热爱本职工作，乐于为旅游者服务。(2) 认真钻研业务，熟悉业务知识，具有高度的责任心、严谨的工作作风、吃苦耐劳的工作精神和认真负责的工作态度。(3) 严格遵守工作纪律，重大事宜多请示汇报，千万不可擅作决定。(4) 尊重相关部门和合作单位，诚信待人，自觉维护旅行社的声誉。(5) 品德高尚，不徇私舞弊，不损公肥私。

三、职业态度

（一）对待工作认真负责

计调和外联业务稍有差池，就会给旅行社带来损失。因此，计调和外联业务人员在工作时必须认真负责，一丝不苟，确保发出或接收的信息（如向其他旅行社报价、接收组团社的接团通知、预订旅游票据等）万无一失。

（二）善于人际协调和沟通

旅行社计调和外联人员大部分时间会与旅游者和旅游相关部门打交道，善于人际协调和沟通是做好计调和外联工作的基本条件。譬如，外联人员与客户进行业务洽谈时，既要销售产品，又要争取为旅行社获得最大的经济效益，常常频繁地讨价还价，这就要求外联人员具有较高的谈判水平，只有善于人际沟通，才能既获得最大利益，又不伤和气，乃至实现双赢。

（三）具有良好的团队意识和强烈的敬业精神

旅行社计调与外联人员应有进取心，不怕困难，热爱本职工作，具有团队合作意识，善于借助团队力量，发挥团队作用，共同做好旅游产品的生产和销售工作，圆满完成旅行社制定的经营目标。

拓展练习

计调和外联业务人员应具备怎样的职业素质？在工作中如何培养自己的职业素质？

任务三　计调、外联部门与相关部门的合作

案例导入

韩国某旅游团一行16人原计划乘坐5103航班于19:00由上海抵达北京后，即转乘20:40的6104航班飞沈阳。18:35，5103航班提前到达北京，地陪找遍了机场也不见该旅游团踪影，与全陪及组团社也联系不上。时间一分一秒地过去了，办理6104航班登机手续的最后期限到了，地陪只得退票。谁知，刚办完退票手续，此旅游团的全陪突然出现，说全团改乘了另一航班，现刚下机，仍想转乘6104航班。地陪急忙去找该航空公司值班主任商量，但由于航班客人全部到齐，6104航班已提前10分钟起飞了。全陪一时间急得满头大汗，不知所措。

怎么办？该旅游团赴沈阳是为赶次日10:00飞延吉的航班，而现在若改乘汽车，路上需花12个小时，无论如何也赶不上次日10:00沈阳飞延吉的航班。若赶不到延吉，该旅游团游览长白山的行程就耽误了，而韩国人视长白山为神山，游览长白山是必不可少的行程安排。地陪将情况告知旅行社计调员小张，问他是否能找航空公司再想想办法。小张查看了航班表，告知地陪第二天早上有飞长春的航班。地陪说："只要飞到长春就有办法了。"小张找到A航空公司国内部的金主任，请求帮忙，同时又找到B航空公司票务部的李主任，请他出面协调，后经两位主任一起努力，才买到16张飞机票。另一方面，小张又赶紧与延边的地接社取得联系，让他们安排好长春到长白山的机票以及入住的饭店。当把一切安排好后，已是翌日凌晨了。早晨韩国旅行团全团16人全部登机，顺利飞赴长春。

案例设问： 从这次事件顺利解决的过程中，你能说出旅行社计调员除了要有为游客着想的服务意识之外，还应具备哪些能力吗？你能看出旅行社的运作有什么样的特点吗？

知识探究

一、计调部与旅行社其他部门的合作

计调部在日常工作中与财务部、接待部、外联部（市场销售部）有频繁的业务往来。

（一）计调部与财务部的合作

财务部是旅行社当家理财的重要管理部门，企业经营的成效如何，最终将从财务部反映出来。在实际工作中，计调部负责团队接待计划的制订，财务部负责相关费用的收支结算，二者相辅相成，只有双方密切配合，才能保证旅行社经济效益的最终实现。计调部与财务部合作时应做好下述工作。

1. 严格执行财务部的有关规定

计调部在与签约单位如饭店、餐馆、车船公司及其他旅行社的业务往来中，凡涉及价格、账目往来及各项费用开支的，不能自作主张，应按照本单位相关财务制度办事，并在旅游合同签订后，及时将副本送交财务部，作为财务结算的依据。

计调部在日常工作中，要主动向财务部了解旅行团各项费用的收支情况，对各项费用的收支做到心中有数，对不合理的开支要进行控制，以确保旅行社的经济效益。

2. 协助财务部收支各种款项

计调部首先要将各个旅行团的各项开支项目及时通知财务部，同时附上各类凭证依据，方便财务部统一支付；要严把合同关，对普通游客尽可能实行现付。对合作企业，要详细了解对方信誉、资金及付款能力等情况，对信誉不太好、付款能力差或不太靠得住的合作旅行社发来的接待计划，应采取以现金（或转账支票）支付的形式，做到一团一清。

3. 协助财务部对接待费用进行审核及控制

计调部将旅行团接待通知单填好后交给接待部。接待人员在结算团费时，必须先交给计调部主管该团的业务员进行审核，经业务员审核通过后再去财务部报销。业务员在审核时，主要是核对旅行团的人数、抵离时间、用房间数、餐费等，对接待计划中未列项的开支，要严格进行控制。

（二）计调部与接待部的合作

除一些中小型旅行社的计调部兼做接待部业务外，大多数旅行社均独立设置接待部，作为旅行社接待工作的具体实施部门。计调部将旅游团队的各项计划安排落实好后，交给接待部，由接待部派出导游，陪同旅行团参观游览。计调部与接待部合作时应注意做好下述工作。

1. 提供准确及时的旅游社团队运行计划表

计调部将编制打印好的月度计划交给接待部，以便接待部能根据全月的接待计划初步安排本部门的工作。由于月度计划只是预报的形式，难免有一些变数，所以待正式的接待计划确定后，计调部还应向接待部发出正式的旅行团接待通知单。一些接团量较大的旅行社可先将所有团队的初步接待计划输入电脑，然后在团队抵达前一个星期时再将确认后的团队运行计划下达接待部。旅行社团队运行计划表的格式参见表 2－1。

表 2-1　旅行社团队运行计划表

团名		人数	男　位	国别		组团社		领队	
团号			女　位	导游语种				全陪	
抵离时间	第一次	月　日　时　分由　　乘　　航班/车次抵						地陪	
		月　日　时　分乘　　航班/车次赴						驾驶员	
	第二次	月　日　时　分由　　乘　　航班/车次抵						车型	
		月　日　时　分乘　　航班/车次赴						车号	

行程安排	早餐地点	游览景点及时间	午餐地点	游览景点及时间	晚餐地点	购物地点及时间	自费项目	住宿酒店
月　日								
月　日								
月　日								
月　日								
月　日								
月　日								
备注								
旅行社投诉电话			旅游投诉电话					

旅行社公章

不同旅行社的团队运行计划表可能有差别。制定团队运行计划表共同的要求是载明团队基本情况、食住标准及游览活动具体安排等事项，同时附上组团社发来的团队行程表及人员名单。如果是重点团或有特殊要求的团队，应在表中注明，以便于接待部和接团导游提供相应的服务。

2. 协商游览日程、订餐和文娱活动安排

计调部安排各团的游览日程、文娱活动和订餐、订房等计划时，一般根据各团的成团资料、游客要求以及抵离时间来进行，而接待部可能在人员安排上存在困难或有其他的考虑，因此需要双方多次沟通，尤其是在确定重点团或有特殊要求的团队的接待计划时，计调部更应主动与接待部协商，充分征求并尊重接待部的意见，多进行换位思考，争取做到制订的接待计划周密细致，没有缺漏。

3. 沟通变更信息

在旅行社的接待业务中，计调部负责接待计划制订的全过程，并负责落实接待计划的前期工作，因此有责任将有关信息及时地传递给接待部。当接待计划发生变更时，计调部应及时将变更后的信息以书面形式传递给接待部，以便接待部做出相应的调整。

4. 反馈信息及处理

接待部在接团过程中掌握着大量游客的反馈信息，如对线路设计、住房安排、餐饮质量、游览活动、车辆调配、文娱活动安排的建议或意见等，这些信息对于旅行社改进旅游产品具有重要意义，因此接待部应及时将信息反馈给计调部。计调部在收到这些信息后，应进行整理、细致分析，提出整改意见。具体包括：

（1）对于客观原因造成的接待质量问题，应通过接待部向客人作说明解释，请求客人给予谅解。

（2）对于协议单位违规或违反合同的问题，计调部应通知相关部门改进服务方式，提高接待质量，以便今后更好地满足客人的需求。

（3）对多个团队反映不好的合作单位，应及时终止合作，重新挑选信誉好的协议单位接待团队。

（4）个别意见可能针对接待部派出的导游人员，对此计调部应通过接待部督促导游人员改进工作，提高游客满意度，必要时也可以要求接待部撤换导游人员。

（三）计调部与外联部的合作

1. 外联团接待计划的处理

外联部的一项重要工作是从外地组织旅行团来本地参观游览（计调部通常称这些团为外联团）。这时，计调部要把外联部当作一个组团社来看待，也就是说，要求外联部像其他组团社一样，将接待计划、团队材料、人数更改通知、行程变化通知、住房要求等以正规的书面形式递交给计调部。计调部在收到书面的计划或各类变更通知单后，再进行计划的安排和落实。

2. 向外联部提供各种信息

计调部由于工作原因，与有关合作旅行社、旅游协作单位保持着频繁的联系，掌握着有关国内外旅游业务的大量有用信息，例如国内外旅游市场变化情况、客户信誉、国内外旅游地交通和住房的即时价格、接待社的服务质量等。计调部应将日常工作中搜集到的这些信息提供给外联部，供市场销售人员在对外招徕客人、销售旅游产品时作为基础数据使用。同时，计调部也可通过外联部了解旅游者对旅行社产品的意见和建议，作为改进旅游产品的重要参考。

二、外联部与旅行社其他部门的合作

（一）外联部与总经理办公室的合作

总经理办公室是旅行社处理日常经营管理事务的常设机构，也是各级各类管理指令的存放和传递机构。总经理办公室与外联部在业务上是指导与被指导关系。总经理办公室将旅行社的各项业务指令定期或不定期下达给外联部，外联部则根据指令安排本部门的具体工作，并及时汇报工作情况。

（二）外联部与计调部的合作

计调部既是旅行社经营管理的参谋部门，又是旅行社接待业务的主要协调机构，负责设计线路产品，安排食、住、行、游、购、娱等事宜，选择旅游合作伙伴，编制和下发旅游接待计划、旅游预算单等。外联部要支持计调部工作，原则上服从计调部的产品设计，同时又要及时反馈游客需求和意见，支持计调部门优化产品。

（三）外联部与财务部的合作

外联部各项业务基本上都涉及资金费用的使用，必须通过一定的程序到财务部登记、审核和申领使用资金；同时，外联部还负责协助财务部门进行本部门业务应收账款的催讨工作和应付账款的支付工作。外联部对业务中未使用完的资金或收到的账款应当及时上交财务部统一管理，不能私自截流或任意支配。

拓展练习

旅行社计调和外联业务部门是怎样与社内其他部门合作的？

项目答疑解惑

旅行社是一个有机的整体，由众多的业务部门组成。旅行社业务部门的设置是旅游业务专业化的必然结果，可以使相关部门各司其职，并通过部门联动完成对客户服务的全部业务流程。

旅行社业务人员的职业态度和素质是相当重要的，尤其是计调与外联业务人员，除了要掌握一定的专业知识和专业技能外，还必须具备相应的职业意识、职业道德和职业态度，同时还应建立广泛的社会关系，有良好的应变能力，能够在短时间内为旅游团队解决各种突发问题，保证旅游团队正常出游。

项目小结

本项目从阐述计调与外联业务的组织保障入手，探讨了计调与外联业务部门的组织构架方式、构架原则和岗位责任，说明了计调与外联业务人员的素质要求、计调与外联业务部门与旅行社其他业务部门的关系。通过本项目的学习，应明确计调与外联人员的岗位职责，树立正确的职业意识，培养良好的职业态度和道德规范，为从事计调与外联工作奠定素质基础。

实训练习

一、选择题

下列说法不正确的一项是（　　）。

A. 外联部和计调部的工作既互相补充又互相渗透，外联部获得的市场和产品信息为计调部的工作提供了数据资料，计调部的旅游计划安排则使外联部的组团工作更加顺利

B. 计调部既是旅行社经营管理的参谋部门，又是旅行社接待业务的主要协调机构，提供旅游团进行各种旅游活动所需要的间接服务

C. 除一些中小型旅行社的计调部兼做接待部业务外，大多数旅行社均独立设置接待部，作为旅行社接待工作的具体实施部门

D. 计调和外联部门的业务人员必须树立较强的协作意识，要善于与各部门各单位合作，以便赢得各方的配合和支持，所以，当外联部主管要求计调部业务员去做市场调研时，计调部业务员应该配合

二、案例分析题

2018 年 6 月，上海某国际旅行社外联部门接待了一位海外新客户。该客户计划在

2019 年新年到来时组织海外旅游团到中国旅游，希望外联人员尽快给出报价。有海外客户本是好事，但外联人员认为尽快报价难度较大，因旅行社报价一般提前一个月，而现在距新年还有半年时间，这期间的市场情况难以预测。报价太低可能使旅行社无法获利甚至亏本，报价过高又会吓走客户。怎么报价呢？外联人员将情况向计调部进行了通报。计调部立即对近年来元旦旅游团各方面的统计信息进行分析，预测出饭店、交通、餐饮、景点等各方面的价格趋势和新年期间的客源情况，最后提出了合适的参考价格，外联部据此向客户报价。因线路设计新颖，价格适中，该客户非常乐意合作，旅行社因此获得大批海外订单，取得了不错的经济效益。

问题：

请根据本案例所反映的情况，对外联部与其他部门的合作进行详细的分析。（《案例研讨表》见附录四）

项目三

计调与外联业务的影响因素

问题导入

巨龙旅行社是以经营内地居民赴港澳旅游业务为主的旅行社，自21世纪以来，旅行社业务连年剧增，形势一片大好。但2014年香港发生了“反水客”事件和“占中”运动，内地居民赴港澳旅游的信心受挫，导致2015年港澳旅游市场大幅萎缩，巨龙旅行社业务因此锐减60%，旅行社不得不调整业务重心，转而开拓印度、斯里兰卡市场。如果你是旅行社计调部或外联部工作人员，你能从巨龙旅行社经营港澳旅游业务的变化中悟出什么道理？

任务导读

本项目介绍了影响计调与外联业务的宏观因素和微观因素。宏观因素包括制度、经济、社会文化、政治等因素。微观因素分别从计调和外联两方面进行阐述。影响计调业务的微观因素有旅行社经营理念、与供应商的关系等；影响外联业务的微观因素有旅行社销售策略、旅游中间商的选择和市场供求状况等。

学习目标

1. 熟悉影响旅行社计调与外联业务的宏观和微观因素；
2. 了解选择旅游中间商的技巧；
3. 掌握提高计调与外联业务水平的方法。

任务一　影响计调与外联业务的宏观环境因素

案例导入

印度具有英属殖民地的历史背景、丰富的文化遗产以及以阳光和沙滩闻名遐迩的度假胜地果阿等，这使印度成为英国稳定的团队旅游目的地。一些主流旅游经营商将印度旅游包括在长线旅游项目中加以宣传推广，旅游线路安排通常是第一周前往德里、阿格拉、贾浦尔和乌代普尔等地，第二周则是前往果阿体验太阳浴。

但是，在20世纪80年代末期，由主张克什米尔独立的武装分子引发的小规模武装冲突日趋激烈。此外，由于锡克教武装分子正在努力寻求成立独立的卡里斯坦，旁遮普邦一直存在着恐怖主义活动。因此，英国政府宣布克什米尔为旅游禁区。由于失去了一个夏季旅游的绝佳目的地，旅游经营商不得不另辟蹊径，选择其他的替代目的地，其中包括印度南部山区的避暑度假地喜玛加尔普拉迪什和吴塔加蒙山地等。但旅游经营商发现，印度南部的基础设施比北部落后，因此宣传推广这些地区旅游项目的难度极大。

1993年，印度的加尔各答和孟买两地发生了一系列爆炸事件。这对印度欠佳的旅游形象来说更是雪上加霜，许多旅游团行程被迫取消。不久印度航空公司的飞行员举行罢工，导致更多旅游线路的取消和变更。1994年，印度政府征收20%的饭店税，迫使英国的旅游经营商大幅度提高前往印度旅游的价格，致使客源大量减少，英国赴印度旅游这一旅游项目陷入困境。

案例设问：为什么英国旅游商会提高赴印度旅游的价格？是什么因素影响了旅行社的业务？

知识探究

影响旅行社计调与外联业务的宏观环境主要包括制度、经济、社会文化、政治等因素。这些因素虽是旅行社所不能控制的，但也是旅行社经营中不可忽视的。旅行社计调与外联业务部门应深入分析所面临的宏观环境因素，及时预测其发展趋势，一方面规避风险，另一方面还可因势利导，为旅行社业务拓展寻找良好的商机。

一、制度因素

（一）各国有关旅行社业务的法律和法规体系

各国旅行社都必须遵守本国有关旅行社业务方面的法律和法规。在我国，与旅行社业务有关的法律规范有宪法、法律、行政法规和地方性法规四个层次的法律规定，其法律地位依次递减。如果不同层次的法律文件内容上有抵触，应以效力层次高的法律文件为准。即地方性法规中的规定不应违背全国性法规的相关规定或立法原则，各种法律、法规均应遵守宪法的基本准则，否则视为无效。市场经济较为发达的国家，都有较为发达的旅游法规体系来调控旅游业的发展。我国颁布的《旅游法》《旅行社条例》《旅行社条例实施细则》《导游人员管理条例》《导游管理办法》《导游服务规范（GB/T 15971—2010）》以及各地颁布的一些地方性法规，均是旅行社经营计调和外联业务时必须遵守的法律法规和规范性文件。

（二）行业协会的规范和制度

在我国，综合性旅游行业协会有中国旅游协会和地方旅游协会；旅行社专业性行业协会有中国旅行社行业协会和地方旅行社行业协会。协会由我国境内的旅行社及相关旅游企事业单位按照平等自愿的原则组成。行业协会是避免不正当竞争，维护共同利益，进行自我协调、自我约束、自我管理，以自愿形式组成的非营利性社会团体，在政府和企业之间起桥梁和纽带的作用。行业协会的宗旨是为会员单位服务，协助政府实施行业管理，维护企业合法权益，推动行业和企业的健康发展。一个自下而上、体系完善、运作规范的旅行社行业组织，是旅行社行业管理制度的重要载体，客观上也起到维护旅行社行业基本权益的作用。

旅行社计调与外联部门应遵守行业协会制定的相关规范和制度，努力促进行业内部自律约束机制的形成。对于协会所带来的一些有关市场经营的影响因素，如诚信承诺、旅游线路最低保护价等，旅行社必须认真对待，妥善处理，有意见应在公开场合提出，一旦签字同意，就必须无条件遵守。切不可阳奉阴违，丧失企业诚信。

二、经济因素

经济因素是影响旅游业发展的重要宏观因素，直接关系到旅游市场状况及其发展趋势。在国际旅游市场营销中，各国经济衰退和经济危机、各类经济事件的发生，都会给旅游业带来严重影响。旅行社计调与外联人员应将经济因素视为工作的导航仪，针对不同的目标市场，推出合适的旅游产品。

（一）经济规模

进行旅游市场营销前需先对目标市场的潜力进行评估。评估内容包括国民生产总值、人均国民生产总值、可支配收入等，涉及目标市场经济发展的规模和速度以及经济发展趋势等要素。

1. 国民生产总值

国民生产总值是指一个国家（或一个地区）当年用货币表示的所有最终产品和服务价值的总和，它代表该国的经济发展水平。从营销角度来讲，国民生产总值是反映一国总需求规模的重要指标。

2. 人均国民生产总值

人均国民生产总值是指一个国家（或一个地区）每人平均的国民生产总值，与消费者的购买习惯、购买力等直接相关。人均国民生产总值高，消费者的购买力也强，旅游消费市场的潜力亦大。某权威机构的研究表明，一般情况下，人均国民生产总值达到 300 美元就会产生国内旅游需求，达到 1 000 美元就会产生国际旅游需求，达到 1 500 美元，旅游需求就会迅猛增长。

3. 可支配收入

消费者个人收入包括工资、红利、保险费、退休金、赠予等。可支配收入指消费者扣除应缴纳税款及生活必需品支出后，可自由支配的收入。消费者的可支配收入增多，用于旅游或其他活动的开支会随之增多。相反，一个家庭收入越少，用于购买食物的支出占家庭收入的比例就越大。因此，只有当人们具有足够的可支配收入时，才会选择旅游消费。

旅行社计调和外联部门在对旅游客源地和目的地的经济规模进行评估后，即可做出相应的评估报告，并在此基础上进行产品定位和市场营销，从而避免生产和营销的盲目性，以获得较好的经济回报。

（二）货币汇率

货币汇率是指不同国家的货币之间的比价，它的变化对国际旅游需求的变化起着十分重要的作用。对旅游目的地国家（地区）来讲，货币升值，旅游需求就会减少；货币贬值，旅游需求则会增加。如 1997 年东南亚经济危机时，东南亚国家的货币贬值，人民币相应升值，于是我国兴起了“新马泰”旅游热。

货币汇率是旅行社经营中必须正视的问题。随着我国出入境旅游的不断升温，国内旅行社和国外旅游经营商的业务联系日益密切，旅游外汇业务越来越受关注。旅行社计调和外联人员必须把握国际形势和国家宏观经济政策，正确预测汇率走势，及时调整旅游报价。

（三）经济发展阶段

不同的国家，国情不同，经济发展状况也不同，人们对旅游的认识和认可程度就会存在差异。经济发达的国家，交通便利、通信技术先进、设施完善，其出游的人数就多；同时，其发达的经济也会吸引大量的国际游客。相反，一个经济欠发达的国家，各种旅游保障设施落后，即使旅游资源十分丰富，游人也会望而却步；另外，当地居民当务之急是解决温饱问题，受经济条件的限制，其出游人数不会很多。由此看来，了解一个国家或地区所处的经济发展阶段，对旅行社计调与外联部门开展业务是十分必要的。只有如此，才能在旅游市场营销上做到有的放矢，增强自身的吸引力，取得良好的效果。

三、社会文化因素

文化是人类在社会历史发展过程中所创造的物质财富和精神财富的总和，它包括价值观、伦理道德、宗教、艺术、风尚习俗等。旅游活动总是在一定社会文化环境下进行的，必然受到目标市场居民的文化程度、群体意识、风俗习惯、宗教信仰等因素的制约。在影响旅游市场营销的诸多因素中，社会文化因素是最复杂的因素，它的影响不像其他因素那样显而易见，但对旅行社营销活动的成败起着重要作用。

（一）文化程度

文化程度的高低影响着人们的消费结构、购买行为和审美观念，从而影响旅行社的营销活动。一般情况下，受教育程度高的居民，思想比较开放，容易打破传统观念的束缚，追求高质量的生活，旅游的需求也较强烈，应被旅行社计调与外联部门锁定为重点客户。

（二）相关群体影响

相关群体是指能影响一个人态度、行为和价值观的群体，如家庭、邻居、亲友等。相关群体影响力中，家庭成员（尤其是父母）的影响力最强烈。但由于人们普遍存在从众心理，消费者的周围环境包括朋友、同事的消费行为也会影响其消费倾向，在一定程度上决定消费者的购买行为。旅行社外联人员应注意在相关群体中制造影响力，以此拓展客源市场。

（三）风俗习惯及宗教信仰

风俗习惯是人们长期自发形成的习惯性的行为模式，是一个社会大多数人共同遵守的行为规范。风俗习惯涉及社会生活的方方面面，有婚嫁习俗、宗教文化、节日习俗、商业习俗等。世界上不同国家的风俗习惯千差万别，甚至在同一国家或同一地区也有极不相同的习俗，正所谓“十里不同俗，百里改规矩”。风俗不同，其消费倾向自然不同。宗教信仰也会影响人们的生活态度、价值观念、消费习惯，从而影响人们的消费行为。因此，旅行社要进入某一目标市场，必须了解和尊重当地的风俗习惯及宗教信仰，并适当加以利用。

四、政治因素

政治因素，也就是国际关系因素。客源国或目的地国家（地区）之间的关系好坏，将直接影响到旅游市场景气与否。如两国关系友好，可获得关税减免、出入境手续简化、信誉担保等方面的优惠，将会刺激旅游消费高速增长；当两国关系恶化时，两国间旅游往来就会大大减少。影响计调与外联业务的政治因素主要有下述两个。

（一）政局动荡

政局动荡通常表现为旅游地发生冲突或骚乱，持续时间可长可短，常会改变甚至打乱旅游经营商的计划。例如，2006—2010 年间，泰国国内持续动荡，包括首都曼谷在内的多个城市实行了戒严，曼谷机场也一度被示威者占领。动乱不仅给泰国社会秩序、经济发展和人民日常生活造成了严重影响，也使主要客源国暂时中止了到泰国的旅行业务，泰国旅游业遭受到前所未有的损失。

（二）恐怖主义

从 20 世纪 60 年代中期开始，恐怖主义（包括对恐怖主义的恐惧）逐渐对跨国旅游构成了威胁。2002 年 10 月印度尼西亚巴厘岛发生恐怖爆炸，致 202 人死亡、424 人受伤，使这个完全靠旅游经济生存的美丽小岛顷刻间成为恐怖的地狱，当地旅游业遭受重创；2010 年 8 月 23 日上午，菲律宾马尼拉市中心发生旅游巴士被劫持事件，导致我国香港的 8 名游客死亡、7 人受伤，香港赴菲律宾游客因此大幅度减少。可以说，恐怖活动对于国际旅游业的打击是致命的。

在政局出现动荡或发生恐怖袭击后，旅游经营商应立即采取应对措施，如取消与动荡地区有关的行程或更换线路。旅行社计调和外联部门应时刻关注国际形势，了解国际关系，把握世界政局发展大趋势，尽量避免因国际关系变动而遭受重大经济损失。

五、其他因素

在旅行社经营中，下述因素也会影响计调和外联业务的开展。

（一）流行性疾病

流行性疾病对旅游业的影响不可小视。20 世纪末期，埃及、印度、巴西等世界著名旅游地都发生过因霍乱、鼠疫流行引发的旅游危机；2020 年全球性新型冠状病毒性肺炎疫情使国内游、出入境游基本停顿，旅游行业整体停摆。这些事例显示出旅游业在流行性疾病面前十分脆弱。

（二）自然灾害

自然灾害包括地震、海啸、飓风和火山喷发等灾害，它们同样会给旅游业带来巨大损失。2005 年 1 月，由印度洋地震引发的海啸导致南亚、东南亚数十万人死亡，其中不少是到滨海享受阳光和沙滩浴的各国游客。此次自然灾害发生后，印度洋多数滨海地区旅游者骤减；2008 年 5 月 12 日，四川省汶川县发生 8.0 级特大地震，尽管四川省的知名旅游景区如九寨沟、黄龙、都江堰、峨眉山、乐山大佛等均未受到地震的严重破坏，但四川旅游业短时间内仍陷入停滞状态，给旅行社外联业务造成了巨大的困难。

（三）气候条件

气候对旅游经营商的影响虽然不大，但却非常明显。最容易受到不良天气影响的就是冬季度假旅游项目，如果滑雪胜地一年无雪或少雪，客人们自然不会来旅游，外联部门组团难度必然会随之增大。

上述五类因素对旅行社的经营都有极大影响。旅行社计调和外联部门要密切注意这些因素的变化，并适时提出正确的应变对策，使旅行社的利益和市场形象尽量不受影响，力争将损失减至最低。

拓展练习

1. 旅游经营管理中的宏观环境影响因素有哪些？
2. 为什么在影响旅游市场营销的诸多因素中，社会文化因素是最复杂的因素？

任务二　影响计调与外联业务的微观因素

案例导入

某航空旅行社是依托航空公司开展旅游业务的股份制企业，过去主要靠做高端旅游和代售机票赢利。近年来该旅行社被航空公司剥离出来，恰逢反腐新常态下高端旅游项目受到影响，加上低成本航空公司的发展又使代售机票的利润越来越低，致使该旅行社业绩一落千丈，陷入危机。在反复权衡后，该旅行社开始转向，一是利用航空公司背景，大力开拓旅行社包机业务；二是利用股东有教育资源的背景，主推大中学生海外修学旅游；三是与老龄委合作，深入社区拓展老年旅游市场，尤其是养老旅游市场。该旅行社的业绩很快便转好，产品供不应求，从被边缘化的小旅行社转变成为赢利能力极强的明星社。

案例设问：该旅行社能获得较好的收益说明了什么道理？

知识探究

旅行社计调和外联业务除受政策、法律和国际关系变化等宏观因素影响外，也在很大程度上受旅行社内部、旅行社之间以及旅行社与合作单位之间的关系等微观层面因素的影响。对影响旅行社计调业务的微观因素进行分析，目的是认识并掌控这些因素，降低旅游产品的成本，提高旅游产品的舒适性。

一、微观因素对计调业务的影响

影响旅行社计调工作的微观因素包括旅行社经营理念、与供应商关系以及竞争因素等。

（一）旅行社经营理念

旅行社经营理念是企业制定经营方针、任务目标和重大经营措施的出发点。旅行社经营理念对旅行社的生存与发展起着决定性的作用。在实际工作中，旅行社经营理念主要体现为旅行社董事会或总经理的经营理念，包括企业战略目标、业务宗旨和经营管理策略，企业在市场上的定位，企业产品和形象的定位，以及相应的组织机构设置和人员编制、业务网络资源的建立等，各部门都围绕着总经理制定的经营目标和经营策略开展工作。旅行社计调业务也不例外，必须贯彻总经理制定的经营理念。

（二）与供应商的关系

旅游六大要素（即食、住、行、游、娱、购）分别由不同的供应商提供，计调部全权负责与供应商的沟通、洽谈和合作工作。一方面，计调部与供应商之间是相互依赖、相互促进的关系，一荣俱荣，一损俱损；另一方面，它们之间也存在着利益关系，出现矛盾和摩擦在所难免。由于供应商的报价直接涉及旅行社采购价格即产品成本，因此，搞好与供应商的关系是做好计调工作的前提。

（三）竞争因素

旅行社计调人员应树立竞争观念，对旅行社竞争的性质、手段、方法、结果有一定的认识和了解。在正常情况下，竞争的机会是均等的，是相对自由的。旅行社市场竞争有三个层次，最低层次是价格竞争，这也是最普遍的竞争方式；其次是质量竞争，即通过提高旅游产品感受质量或性价比，提高本企业产品的市场竞争能力；最高层次是文化竞争，要求旅行社在品牌建设和产品开发等方面注重文化底蕴与文化内涵，树立旅行社的品牌和声誉，通过文化建设提升旅游产品的市场竞争力。

二、微观因素对外联业务的影响

影响旅行社外联业务的微观因素包括旅行社销售策略、旅游中间商的选择以及市场供求状况等。对上述因素进行分析，可为外联工作提供更好的参照，有利于增强旅行社产品的吸引力，更好地为游客服务。

（一）旅行社销售策略

旅行社销售策略包括促销方式策略、销售渠道策略、销售价格策略等，对外联工作成效影响极大。

1. 促销方式策略

旅行社常用的促销方式有媒体广告、网络销售、重点客户公关、上门直销等。旅行社是采用单一方式销售（投入少），还是采用多种方式联合促销（投入较高），要看所开发线路产品的市场面和预期回报率。旅行社在做产品的市场评估时，一般会对销售策略进行策划。外联部作为主要责任部门，应该根据旅行社本身的实力，结合产品的市场价值和客源结构，选择最恰当的促销方式，从而实现最优的投入产出比。

2. 销售渠道策略

销售渠道的选择也会影响外联销售的成本和收益率。所谓销售渠道，是指旅行社或其他旅游产品供应商，通过直接或间接的方式，将其产品转移到最终消费者手中的整个流通过程。旅行社常见的产品销售渠道可以分为以下四种：

（1）零层次渠道：旅游产品生产者→旅游消费者。指旅游产品生产者在向消费者转移其产品的过程中，不涉及任何中间环节或中间商的销售途径。

（2）单层次渠道：旅游产品生产者→旅游零售商→旅游消费者。指旅游产品向消费者转移的过程中，需经由一个中间环节或中间商的销售途径。

（3）双层次渠道：旅游产品生产者→旅游批发商→旅游零售商→旅游消费者。指产品由生产者向消费者转移的过程中，需经由两个中间环节或中间商的销售途径。

（4）多层次渠道：旅游产品生产者→本国旅游批发商→外国旅游批发商→外国旅游零售商→旅游消费者。指产品向消费者转移的过程中，涉及三个或更多的中间环节或中间商的销售途径。

旅行社对销售渠道的选择很大程度上决定了旅游产品的营销效果。譬如，如果选择直接销售，则会缩短销售渠道的长度（从营销学讲，销售的渠道越短越好），但也将增大外联部门的工作量；如果选择间接销售，则涉及旅游中间商的选择，选好了事半功倍，选不好事倍功半。目前很火爆的在线旅游网站和平台，对于旅行社扩大市场基本面、缩短中间渠道有积极作用。

3. 销售价格策略

旅行社产品的定价对外联销售业务的发展至关重要。定价过高，市场竞争力不足，会影响外联销售业绩；定价过低，旅行社利润微薄甚至零利润、负利润，企业经营困难，产品质量下降，旅游投诉也会接踵而至，外联销售最终将失去市场、失去信誉。

旅行社外联人员应协助计调部门做好分项产品的采购业务，适时推出性价比高的旅游产品，在竞争激烈的旅游市场上抢占先机。同时，外联人员还可采用多种多样的优惠价和差价方式（优惠价包括现金折扣和数量折扣等；差价包括等级差价、季节差价、地区差价和年龄差价等），促进产品的销售。但是，旅行社外联部门无论采用怎样的定价策略和定价方法，都必须综合考虑以下因素：（1）价格必须反映产品质量；（2）价格要有连续性和稳定性；（3）对不同市场的价格要有灵活性；（4）要特别注意与竞争对手产品价格的比较；（5）合理安排各项服务之间的比价关系；（6）产品定价要服从国家政策的要求；（7）不追求价格低廉（价格不是越低越好），应追求高性价比。

（二）旅游中间商的选择

旅游中间商是指介于旅游产品生产者与消费者之间，专门从事旅游产品销售的组织或个人。旅游中间商主要包括旅游批发商（经营商）和旅游零售商。旅游中间商选择得好与不好，将决定旅游销售水平和外联业务的业绩。旅行社对旅游中间商的选择要考虑各方面因素。以我国国际旅行社为例，在旅游中间商选择方面应注意以下几点：

（1）目标市场。旅游中间商的目标市场必须与旅行社目标市场基本一致。

（2）经营地点。经销商的零售渠道或代理商的营业地点应在旅行社目标市场人群相对集中的地区或地段。

（3）营销实力。营销实力包括旅游中间商的人力、物力和财务状况，服务质量、销售速度、开展促销和推销工作的经验及实力等。营销实力不能完全以企业大小来确定，应依据中间商以往业绩的相关统计资料综合判断。

（4）经济效益。选择中间商还应考虑对方所要求的分成比例或佣金率。支付对方的费用并不是越低越好，应保证双方有合理的利润，实现双赢。

（5）信誉问题。旅行社所选的中间商或代理商应具有所有合法经营的证件，有良好的市场口碑和可靠的商业信誉。

（6）中国业务的比重。有的国外旅游中间商专营或主要经营中国旅游业务，对我国比较了解，与我国旅行社合作紧密，对我国旅游产品的推销也很卖力。如英国促进旅行社、日中旅行社、日中和平观光公司等均属此类。国外也有许多旅行社经济实力不强，销售渠道不够宽，抵御风险的能力差，这在选择时应予以注意。

（7）合作意愿。旅行社应选择有合作诚意的国外旅游中间商作为战略合作伙伴，否则无法保证其推销我方产品的积极性。

选定中间商后，外联部门应及时对中间商予以业务指导，使之了解市场供需状况，制定有效的销售策略，以期实现外联组团业务成绩的大幅提高。

（三）市场供求状况

旅游市场上供给与需求之间的矛盾大致可概括为下述四个方面，它们对外联业务有直接的影响。

1. 旅游供求在总量上的矛盾

旅游供求在总量上的矛盾主要表现为：某一旅游地在一定时期内旅游接待能力与旅游者总人次之间不同步。这就影响到外联销售工作——如果一个景点的销售过于集中，那么景点的接待能力会成为制约旅游产品质量的危险因素。

2. 旅游供求在品种上的矛盾

旅游供求在品种上的矛盾是指在同一时期、同一国家或地区，旅游产品的供给和需求之间在品种结构上的不协调。这个矛盾要求外联部门在进行产品促销时，应协调好产品品种结构，做到合理搭配，争取以多种产品占领更多的目标市场。

3. 旅游供求在季节上的矛盾

旅游供求在季节上的矛盾是指在同一个旅游地，有的季节旅游需求量大大超过旅游供给量，形成旺季；有的季节旅游需求量大大小于旅游供给量，形成淡季。这个矛盾主要是气候因素导致的，外联部门除了顺应外，还可推出反季节旅游产品，促使旅游供求向“淡季不淡”的方向发展。

4. 旅游供求在地域上的矛盾

旅游区“冰”“火”两重天现象非常普遍，这与景区吸引力的差异以及旅行社营销力度不同有关系。旅行社外联部门应学会捕捉商机，变冷点为热点，提高促销的效率。

拓展练习

江西省某国际旅行社接待一日本观光团，计调部李经理在向用车单位下订单时，仅落实了用车时间、地点、座位数，忽略了对车容、车貌、车况的要求。等到地陪上团后才发现大巴车成色旧，车况差，不仅空调制冷效果不好，噪声极大，而且途中还跑爆了车胎，让日本客人普遍不满。

思考：

如果你是该旅行社的计调员，应如何处理这种情况？

项目答疑解惑

通过本项目的学习，我们能够清楚地知道旅行社计调与外联业务受到诸多宏观与微观因素的影响，旅行社计调与外联业务部门制定方案和处理问题时应充分考虑，综合运用，这有利于维护旅行社的利益和获得游客青睐，从而实现双赢。

项目小结

旅行社计调与外联业务关系到旅行社经营管理的成效。本项目从宏观和微观方面分析了影响旅行社计调与外联业绩的因素，提出了旅行社计调与外联业务部门克服困难、提高计调和外联业务水平的方法，掌握这些方法对于提高计调和外联业务水平具有重要意义。

实训练习

一、选择题（可多选）

1. 影响旅行社计调与外联业务的宏观环境因素有（　　）。

A. 社会文化　　B. 制度　　C. 政治　　D. 经济

2.（　　）是影响旅游业发展的重要宏观因素，直接关系到旅游市场状况及其发展趋势。

A. 制度因素　　B. 经济因素　　C. 社会文化因素　　D. 政治因素

3. 当客源地货币升值时，居民用于旅游支出的货币就会（　　），因而旅游需求就会（　　）。

A. 减少；增加　　B. 增加；减少　　C. 减少；减少　　D. 增加；增加

4. 旅游活动总是在一定社会文化环境下进行的，必然受到目标市场居民的（　　）等因素的制约。

A. 风俗习惯　　B. 文化程度　　C. 宗教信仰　　D. 群体意识

5. 影响旅行社计调工作的微观因素包括（　　）。

A. 与供应商关系　　B. 竞争因素

C. 旅行社经营理念　　D. 文化程度

6. 旅行社销售策略包括促销方式策略、（　　）、销售价格等。

A. 销售市场策略　B. 销售渠道策略　C. 销售方式策略　D. 销售价格策略

7. 旅游业的三大支柱是（　　）。

A. 饭店　B. 供应商　C. 旅行社　D. 旅游交通部门

8. 旅行社常见的产品销售渠道可以分为（　　）。

A. 零层次渠道　B. 单层次渠道　C. 双层次渠道　D. 多层次渠道

二、案例分析题

四川某旅行社想推出腾格里沙漠包租火车旅游项目，但缺少 6 万元广告宣传费和 4 万元前期费用。旅行社找到某高档火锅店，双方商定，10 万元费用由火锅店支付，火锅店获得该旅游项目的冠名权，旅行社另赠送火锅店 30 个免费参团名额，作为火锅店客人消费抽奖之用（每个名额价值 1 500 元）。之后旅行社与火锅店联名在当地主流报纸上刊登广告。广告刊出后，该火锅店的生意骤然兴隆——许多人冲着“吃火锅、抽大奖、游腾格里沙漠”活动而来。一个月促销活动结束，火锅店增收 20 余万元，旅行社也因促销经费充足、宣传效果好，再加上中奖者往往携亲友参团，所以近千个旅游名额被一抢而空。这次策划活动使旅行社在前期投入为零的情况下获得了较好的收益。

问题：

请结合所学知识对该案例进行分析，是哪些因素使旅行社销售成功的。（《案例研讨表》见附录四）

项目四

计调产品设计

问题导入

小明是旅游服务与管理专业的学生，在经过了几个月的学习后产生了较大的困惑：旅行社是怎样将吃、住、行、游、购、娱等元素组合成线路产品向游客报价的？为什么旅行社产品的价格比我们自己去便宜得多？本项目将会给小明和一样困惑的你提供答案。

任务导读

1. 计调对旅游者消费需求的把握；
2. 计调产品设计的原则；
3. 计调产品设计实务与案例。

学习目标

1. 了解旅游者消费需求的特征；
2. 掌握旅游线路设计中应该遵循的原则和规律；
3. 熟悉旅游线路设计的基本流程。

任务一　计调对旅游者消费需求的把握

案例导入

在一所职业技术学校学习的小明期末考试成绩优秀，母亲决定奖励小明去九寨沟旅游。小明四处搜罗旅游广告、攻略和旅行社报价单，发现各家旅行社产品内容基本一致，但价格差别较大，究竟哪家好呢？小明拿不定主意。而且小明还有个想法：自己难得出行一次，想在传统的九寨沟—黄龙景区之外，顺便将周边的红原大草原、花湖等景区一块游了。但综观旅行社产品，没有一家九寨沟产品包含这些景点。小明百思不得其解。

案例设问：为什么一方面旅行社大叹竞争激烈，生意难做，另一方面旅游者需求又得不到满足？为什么旅行社难以针对客人需求开发个性化的线路产品？

知识探究

计调人员在设计旅游线路产品时，必须从宏观上把握旅游者的消费需求和消费时尚，了解影响旅游者选择不同旅游产品的主客观因素，这样才能使推出的线路产品具有一定的市场号召力，能够为旅游者所关注，为旅行社带来合理的利润。

一、计调人员对旅游消费三要素的把握

从现代意义上讲，个人旅游需求的产生和实现至少需要同时具备三个方面的条件：一是需要具备足够的可随意支配收入；二是需要拥有足够的闲暇时间；三是需要有外出旅游的动机。前两个是客观条件，第三个是主观条件。虽然不是所有具备上述三项条件的人都会成为现实的旅游者，但如果不能同时具备这三项基本条件，则注定无法成为现实的旅游者。计调人员必须了解这三个条件，才能有的放矢地组合出符合需求的旅游产品。

（一）足够的可随意支配收入

一个人收入水平的高低，既决定着他能否实现旅游需求，也决定着其旅游消费水平的高低。但人们的收入并非全部用于旅游，真正决定一个人能否成为旅游者的收入，是扣除其日常生活必需消费开支（含衣、食、住、行费用及养老金、失业保险、健康保险等社会保障费用）后所余下的部分，称为可随意支配收入。拥有足够的可随意支配收入是一个人能够实现其旅游需求的首要条件。

（二）足够的闲暇时间

闲暇时间是指日常工作、学习、生活等必须占用的时间之外，可由个人自由支配、用于消遣娱乐或自己所乐于从事的任何其他事情的时间，它不仅决定一个人能否实现外出旅游的意愿，而且还会影响到其对旅游目的地的选择以及在目的地逗留时间的长短。

当前我国旅游者用于旅游活动的闲暇时间主要是寒、暑假和法定节假日，客流相对集中，随着《劳动法》关于带薪年休假制度的进一步推行，带薪假期将成为人们外出旅游度假，特别是开展远程旅游的主要形式。带薪年休假制度规定：劳动者连续工作一年以上的，享受带薪年休假。职工累计工作满 1 年不满 10 年的，全年有 5 天带薪假期；满 10 年不满 20 年的，可带薪休假 10 天；满 20 年的，可带薪休假 15 天。国家法定节假日、休息日不计入年休假的假期。带薪年休假对于促进旅游业的发展和合理分流游客作用明显，事实上欧美游客大部分是利用带薪假期来华旅游的。

（三）旅游动机

动机是心理学的概念，是指激发个人行动的内在驱动力。旅游动机也就是指一个人为

了满足自己的某种需要而决定外出旅游的内在驱动力，是促使一个人有意于旅游以及决定到何处去、选择何种旅游方式的心理因素。

对于大多数观光旅游者而言，求新、求奇、求异是其出游的常见动机。人们对于异国他乡的自然景观和人文风情的好奇，促使他们产生亲自去观看和体验的心理需求，加上有足够的可随意支配收入和闲暇时间，很容易使他们成为现实的旅游者。我们通常把旅游者的出游动机划分为以下几类：

（1）身体方面的动机。这主要包括度假休闲、康乐疗养、娱乐消遣等，是希望消除身体和精神上的疲劳，缓解心理压力，满足身体锻炼和休闲娱乐的需要。

（2）文化方面的动机。这是指因希望了解异国他乡的音乐舞蹈、民俗风情、宗教哲学、文学艺术等而产生的旅游动机。国外也有人把它称为“软探险”动机。

（3）人际交往的动机。这是因希望参与社会交往、与异域人群接触而产生的一种旅游动机，包括希望深入他乡接触民众、探亲访友、逃避惯常的社会环境、结识新朋友等。

（4）地位和声望方面的动机。旅游者通过旅游追求个人成就和个人发展以及实现被人承认、引人注意、受人赏识、获得好名声等愿望。这类动机多体现在会议、考察研究、追求业余爱好及求学等类型的旅游活动中。

（5）经济方面的动机。这是指人们为达到一定的经济目的而产生的旅游动机，包括贸易、经商、购物等。如在各地举办的各种交易会期间来洽谈贸易的大批客商都属此类。

实际上，人们外出旅游很少只是出于一个方面的动机。由于旅游是一种综合的象征性行为形式，可满足人们的多重需要，因而人们在决定外出旅游时，除因为某个主动机外，往往还会兼顾其他方面的动机。

二、计调人员对旅游者个人因素的把握

（一）居住环境

居住环境对一个人的影响也至关重要，主要表现在以下几个方面：

（1）高纬度地区的居民对于阳光的追求。由于纬度偏高和温带气旋的频繁活动，上述区域日照时间偏少，居民对阳光的偏好较明显，无论近距离还是远距离旅游，人们都会选择阳光较好的地方。

（2）对自己熟悉的自然环境的偏爱。长期生活的环境在潜移默化中会影响人们的审美情趣，在选择旅游目的地时，人们不自觉地被自己的审美情趣左右，表现出对自己熟悉环境的偏爱。如英国人对海滨有特殊的偏好，外出旅游的人群中63%的人是奔向海滨的，而瑞典、芬兰、东欧各国的人们则对森林景区情有独钟。

（3）环境补偿心理。即选择与居住环境不同的地区旅游，如部分旅游者对城市环境感到厌倦，愿意选择乡村纯自然的生态区域旅游，久居南方的居民愿意选择北方的林海雪原旅游，山区居民愿意选择海滨旅游等。

（二）所属群体

不同类型的旅游者往往有不同的消费趋向，如老年人喜欢历史文化类景观，年轻人偏爱新奇时尚的项目，商务人士则喜欢休闲类旅游产品。计调部门应紧紧抓住不同群体的消费特征，为各种类型的旅游者量身定制个性化的旅游产品。

（三）文化水平与受教育程度

文化水平与受教育程度在很大程度上影响着一个人的知识结构和对外界信息的感受力，由此产生不同的旅游需求和出游动机。按照一般的规律，旅游愿望与感知环境的范围与深度成正比。学历较高的人一般较理性，出游目的非常明确，多追求旅游的文化内涵；而学历较低的人则容易受从众心理影响，旅游目的不明确，所追求的旅游效益偏重于娱乐与消遣。

（四）个人阅历

人们的兴趣爱好、能力、性格往往随年龄和生活阅历的不断增长而变化。少年儿童天真活泼，对外界认知较少，因此好奇心极强；青年人精力充沛、兴趣广泛，征服自然、战胜困难的能力强，因此对冒险性、刺激性、体能消耗大的旅游活动更感兴趣；中、老年人阅历丰富，习惯于回顾往事、品味人生，他们厌倦城市的嘈杂和拥挤，喜欢僻静优雅的海滨、林区或田园风光，偏好历史文化内涵丰富的旅游地、曾留有深刻印象的故地或环境优美安静的度假地。经统计发现，年龄和个人阅历对旅游者选择度假地的影响很大：16～24 岁年龄组的青年人，愿意到森林景区度假的只有 31.3%，而 60 岁以上的老人组比例竟高达 47%。

（五）职业

在旅游决策的过程中，个体的旅游偏好与其所从事的职业有相当密切的关系，计调人员在设计旅游产品时，应该对此因素有所考虑。

三、计调对旅游消费时尚与潮流的把握

旅游产品的开发与消费时尚的变化紧密相连。消费时尚受诸多因素影响，如社会需求、科技发展、文艺节目潮流和名人效应等。16 世纪中期欧洲人发现温泉可以治病，自此兴起长达几个世纪的温泉旅游热；18 世纪初期人们认识到海水浴有利于健康，于是海滨旅游渐成时尚；第二次世界大战后汽车大量进入家庭，自驾车旅游便成为现代都市人新的追求。旅行社只要善于把握时尚潮流，设计适宜的时尚产品，就可能占得市场先机。

拓展练习

1. 将人们的旅游动机进行举例归纳整理，看看人们为何外出旅游。

2. 旅行社拟与养老院签订爱心助老北京五日游合同，旅行社应如何把握老年群体的消费特点？

任务二　计调产品设计的原则和策略

案例导入

某旅行社新开发一条世界遗产旅游线路，行程三天，线路中仅门票和观光车的成本就达 810 元，加上三日两夜食宿、用车、保险和导游服务费用，成本在 2 880 元左右。旅

行社计调部门按照微利原则以 3 000 元定价推向市场，但反响平平。旅行社李总在经过一番考察后，决定将团费降为 2 680 元，结果游客相当踊跃。至于亏损的部分，旅行社采用与 5 家购物店和演艺场所签订合作协议的方式，由购物店和演艺场所补贴，旅行社还能从购物中分得一定的提成，利润有一定的保障。由于团队行程中包含了 5 家购物店和演艺场所，虽然不强制消费，但游客满意度并不高。

案例设问：旅行社如何做到既降低旅游线路报价，又能保证游客有较高的满意度？

知识探究

旅游线路是旅行和游览的路线、景点及服务项目的总称，包括旅游起始地、距离、交通方式、餐饮住宿等级和参观游览的景点等要素。旅游线路是旅行社产品的主要形式，其销售额是旅行社利润的主要来源。

一、旅游线路的类型

根据不同标准，我们将旅游线路作下述划分。

（一）以旅游距离为标准划分

旅游线路可分为短程旅游线、中程旅游线、远程旅游线。短程旅游线的游览距离较短，活动范围较小，一般局限在市内、市郊或相邻区域；中程旅游线的游览距离较远，活动范围一般在一个省级旅游区以内；远程旅游线的游览距离长，旅游者活动范围广，一般是跨省甚至跨国旅游，包括国内远距离旅游线路、边境旅游线路和海外旅游线路。

（二）以旅游时间为标准划分

按旅游时间分类，旅游线路可分为一日游线路、两日游线路、三日游线路和多日游线路。一般一日游、两日游为短程旅游，而中长距旅游多在三日以上。

（三）以线路性质为标准划分

按线路性质分类，旅游线路可分为观光旅游线、休闲旅游线和专题旅游线。观光旅游线属于最常规也是最受普通旅游者欢迎的旅游线路，在我国旅游市场上一直占据重要地位，客源相对稳定；休闲旅游线是以休闲度假为主题的旅游线路，是近年来兴起的旅游产品，引导着未来旅游业发展的方向；专题旅游线是专门为一些具有特殊旅游目的的旅游者设计的线路，线路景点具有统一的内容，如三国文化旅游线、古丝绸之路旅游线等。需要强调的是，这三种旅游线路性质的划分是相对的，现实中更多是互相交叉、互相包容的关系，即观光线包含专题的内容，休闲线附带观光的成分，只有这样的线路才会有更强的市场竞争力。

二、旅游线路设计的原则

旅行社根据市场消费动向，采购相关旅游产品并组合成旅游线路的工作，叫作旅游线路设计。设计旅游线路的工作，通常由旅行社产品中心或计调部门牵头完成。由于旅游产品包含许多不确定因素，如接待标准与等级差异、使用交通工具差异、游览景点和旅行日程差异等，这些都会直接影响线路产品报价和旅游者的感受，因此可以说，旅游线路设计实际上是对旅行社创新能力和市场竞争能力的终极检验。旅游线路设计应遵循下述原则。

（一）市场原则

市场原则就是要求旅行社在开发新产品前，对市场进行充分的调查研究，预测市场需求的趋势和需求的数量，分析旅游者的旅游动机，并针对不同目标市场设计出适销对路的线路产品，最大限度地满足旅游者的需求，提高产品的使用价值。

按照这一原则，计调人员在设计线路产品时应反复考虑如下问题：产品是否符合市场需求变化的状况？是否符合旅游中间商的要求？是否有较高的新奇度和性价比？是否具有创新性并能够引导旅游消费？一般能同时满足上述条件的线路产品，就可能具备较强的市场号召力。

（二）经济原则

所谓经济原则，是指以相对低的消耗获得相对高的效益。旅行社产品同其他产品一样，也有各种成本支出，如交通费、住宿费和餐饮费等。这就要求旅行社在设计线路产品过程中加强成本控制，尽可能发挥协作网络的作用，降低采购价格，这样既可以降低旅行社产品的直观价格，便于产品销售，又能保证旅行社获得最大利润。

（三）针对性原则

旅行社不可能把所有人都当成自己的客源，旅行社设计的线路产品也不可能满足所有人的消费诉求。每一条旅游线路其实都是针对某个特定的人群推出的，而这个人群应该是该产品的购买主力或重点消费群。针对性原则要求旅行社精确寻找到自己产品的目标客户群，从而实现销售业绩的稳定增长。

（四）特色原则

这是设计产品的核心理念之一。突出产品的特色就是要体现差异，便于目标客户进行识别，而差异化的产品可以强化企业品牌，避免低水平竞争。特色原则应贯穿旅游产品设计制作和宣传促销的全过程，无论是产品名称、广告语、媒体广告，还是产品的销售场地、销售氛围，都可营造出与众不同的特色，通过强烈的感官刺激达到深入人心的效果。

三、旅行社产品设计策略

（一）景点结构合理、布局得当

旅行社在设计旅游线路时，应慎重选择参观游览点，尽量做到布局得当、结构合理。具体表现为：

（1）尽量走环线，避免重复经过同一景点。

（2）景点之间距离适中，避免将大量时间和精力耗费在旅途中。一般说来，城市间交通耗费的时间不能超过全部游程时间的 1/3。

（3）择点适量。在一定时间内过多地安排景点只会使旅游节奏加快，达不到预期的目的；而且择点过多也会造成旅行社产品价格过高，进而影响销售任务的完成。

（4）顺序科学。在交通安排合理的前提下，线路顺序应是由一般的景点逐步过渡到吸引力较大的景点，这样可以使旅游者感到高潮迭起，而非每况愈下。

（二）交通安排合理

交通工具的选择应与旅游的主题相结合，要迅速、舒适、安全、方便，保证交通工具间的顺利衔接，减少候车（机、船）的时间。旅途中，乘汽车最好不超过 3 个小时，如果旅程时间较长，可以考虑改换成火车、飞机等交通工具。

（三）服务设施有保障

旅游线路可以将一些基础设施较好的城镇作为集散点，确保游客交通、住宿、餐饮和安全、卫生的需要。

（四）主题鲜明，内容丰富

旅游线路一般应突出某个主题，并且要针对不同性质的旅游团确定不同的主题，如“草原风光旅游”“红色文化旅游”等，都有自己鲜明的主题。同时，旅行社还应围绕旅游主题安排丰富多彩的旅游项目，让旅游者通过各种活动从不同的侧面了解旅游目的地的文化和生活，领略美好的景色，满足旅游者休息、娱乐和求知的欲望。在同一线路的旅游活动中，力求形成一个高潮，加深旅游者的印象，达到宣传自己、吸引游客的目的。旅游活动内容切忌重复，尤其是在殿堂庙宇景点的安排上，更应仔细、慎重，因为我国这类古建筑不胜枚举，而它们对一般旅游者来说往往是大同小异，因而要挑选其中精华的来安排。

（五）降低成本，实现利益最大化

旅行社经营的最终目的是追求利润最大化，因此对旅游线路的设计是以合理的收益为前提的。旅行社计调人员应严格控制分项旅游产品的价格，尽可能争取价格优惠，降低组团成本。譬如，有的旅行社采取包租酒店客房形式，既降低了成本，也保证了旺季时的客房供应；有的旅行社安排游客住进藏家、渔家，不仅满足了客人的好奇心，而且还降低了成本。但需要强调的是，降低成本不能以牺牲接待质量作为代价，否则就会得不偿失，如旅游市场上曾经风光一时的零、负团费团队，表面上团费降得很低，实际上旅行社通过游客购物和参与自费项目来获取利益，游客虽花了钱但享受的服务并不好，因而产生旅游投诉在所难免。

（六）与时俱进、特色明显

任何旅游产品都不可能从一产生就十全十美，即便一条很受欢迎的线路，也需要在实践中反复检验，不断总结、改进。尤其是线路中景点、餐厅、宾馆、交通的价格随时都在变化，消费者的需求也在变化，这就要求旅行社计调人员关注市场动态，虚心倾听游客和一线导游人员的建议，及时合理地调整行程，减去不受欢迎的项目，增加一些特色明显却不为其他旅行社所注意的项目，如“民居体验”“参观农贸市场”“胡同旅游”等，使线路产品常见常新、与时俱进，方能对游客保持较大的吸引力。

拓展练习

1. 站在旅游线路类型的角度上想一想自己家乡有哪些比较有特色的旅游线路，它们分别是以什么标准划分的？

2. 分组为身边的景点设计一条你们认为合适的线路，并推荐代表向大家说一说你们设计的原则是什么？

任务三　计调产品设计实务

案例导入

某在线旅游营运商为了提高知名度，扩大市场占有率，推出了“一元钱门票”促销活动，市场反响强烈。由于营运商事先得到数亿元风险资金投入，资本雄厚，其实际支付给景区的门票并没有减少，因此促销活动也受到景区的欢迎。受此启发，另一在线营运商推出了纯玩团半价优惠措施，由于并不通过购物和其他自费项目弥补，实实在在由营运商补贴，因而也对传统市场造成较大冲击。

此案例说明，计调人员设计旅游产品时不能仅仅关注线路成本，要学会采用各种合法合规的措施降低成本，让“羊毛出在牛身上”，从而达到拓展市场的目的。

知识探究

旅行社产品包括旅行社为旅游者提供的线路产品和单项服务，其主体是旅游线路。旅行社线路产品有两种类型，一是地接旅游产品，二是外联旅游产品。地接旅游产品是旅行社自主开发的产品，即旅行社作为地接社对其所在区域的旅游景区、交通、住宿、餐饮、娱乐等分项产品进行科学组合而形成的旅游线路，旅行社可以直接销售给当地游客或外地旅行社；外联旅游产品是指旅行社在采购外地或海外旅行社产品的基础上推出的线路产品，一般由外地或海外旅行社开发的地接旅游产品叠加往返交通和办证服务等项目组成。旅行社这两类线路产品中，地接旅游产品的利润率不一定最高，但凝聚的创造力却最强，是学习旅行社产品设计的重点。

一、旅行社地接旅游产品设计

一条完整的旅游线路应包括线路名称、日程安排、游览项目、交通形式、用餐标准、食宿标准、分项价格和最终报价、备注说明等内容。计调部门由于熟悉分项产品的价格，因此在线路产品设计中占据重要地位。

（一）设计流程

地接旅游产品设计的基本流程是：

（1）从市场调查与预测入手，确定目标市场，并决定产品的性质和等级。

（2）根据景区吸引力的大小，选择合适的游览景区或景点。

（3）对相关的基础设施和专用设施进行选择和配置，并以一定的交通方式把各个景点合理串联，组成旅游线路。

（4）根据旅游者或旅游中间商的要求对旅游线路进行完善，把旅行社想卖出的线路变成旅游者想购买的产品。

（5）收集整理游客反馈的意见，对产品进一步修改、完善。

（二）实例分析

实例1：表4－1是四川省某旅行社设计的九寨沟—黄龙世界遗产汽车四日游线路。全程仅安排一个特色购物点（牦牛肉专卖店）和一个极具特色的藏羌歌舞晚会（自愿参加），没有任何强制购物或自费项目，因此属于纯玩团。线路价格由吃、住、行、游及导游服务等分项产品价格加上旅行社毛利构成。

表4－1　四川某旅行社设计的九寨沟—黄龙世界遗产汽车四日游线路（纯玩团）

<table>
<tr><td colspan="4">一、旅游行程安排</td></tr>
<tr><td>日期</td><td>行程</td><td>住宿</td><td>用餐</td></tr>
<tr><td>D1</td><td>成都7:50出发，乘空调大巴前往九寨沟口（7小时），途中游览“5·12”特大地震震中遗址映秀镇（2小时）</td><td>宿沟口××饭店</td><td>含午、晚餐</td></tr>
<tr><td>D2</td><td>早餐后全天游览世界自然遗产九寨沟（含门票220元、景区交通费90元，6小时），晚上观看藏羌歌舞晚会（150元/人，自费，自愿参加）</td><td>宿沟口××饭店</td><td>含早、晚餐，景区午餐自理</td></tr>
<tr><td>D3</td><td>早8:00前往世界自然遗产黄龙景区，途中安排购物1小时（牦牛肉专卖店），景区游览5小时（含门票200元，不含景区索道费80元）</td><td>宿茂县××饭店</td><td>含早、中、晚餐</td></tr>
<tr><td>D4</td><td>游览世界文化遗产都江堰水利工程（含门票90元，2小时）；返回成都，结束愉快旅行</td><td></td><td>含早、午餐</td></tr>
<tr><td colspan="4">二、服务项目及标准</td></tr>
<tr><td>1</td><td colspan="3">往返用车：空调大巴</td></tr>
<tr><td>2</td><td colspan="3">住宿：住宿二星双人标准间（140元/间）</td></tr>
<tr><td>3</td><td colspan="3">用餐：含6正3早，正餐标准20元/人，8菜1汤，10人1桌；早餐标准5元/人</td></tr>
<tr><td>4</td><td colspan="3">门票：以上所列景点大门票</td></tr>
<tr><td>5</td><td colspan="3">导游：中级导游服务</td></tr>
<tr><td>6</td><td colspan="3">旅行社责任险：个人最高赔付30万元</td></tr>
<tr><td>7</td><td colspan="3">报价中不含：旅游意外险、景区内交通费用</td></tr>
<tr><td>三、综合报价</td><td colspan="3">成人1 080元/人；未成年人（不占床位）900元/人</td></tr>
<tr><td colspan="4">备注：1. 旅游行程可能会发生一些调整，但不减少旅游的天数和景点；
2. 行程中购物自愿；
3. 若住宿中出现单男单女现象，旅行社有权安排一个三人间或请入住单间的游客支付另一半房费。</td></tr>
</table>

［评述］这条线路是四川省极常规的旅游线路，也是最受海内外游客欢迎的旅游线路。全线包括三处世界遗产景观：九寨沟、黄龙、都江堰水利工程，同时还有“5·12”特大地震遗址、藏羌歌舞晚会等特色内容，使线路品位极高。由于是大众化产品，价格不能太高，设计时选择了汽车往返和二星级标间住宿，餐标也相对普通，但均能保证基本的服务质量，因此游客口碑较好，产品在市场上有较强的竞争力。该线路成本约880元，报价1 080元，旅行社仍有一定的利润空间。

实例2：同样是九寨沟、黄龙旅游，该旅行社还针对低端客人设计了如表4－2所示的线路产品。

表 4－2　四川某旅行社设计的九寨沟—黄龙世界遗产汽车三日游线路（经济团）

一、旅游行程安排			
日期	行程	住宿	用餐
D1	成都 5:00 出发，下午游览黄龙景区（4 小时，含门票 200 元，不含景区索道费 80 元），夜宿九寨沟口	九寨沟县××饭店	含午、晚餐
D2	早餐后全天游览世界自然遗产九寨沟（含门票 220 元、景区交通费 90 元，6 小时），晚上观看藏羌歌舞晚会（150 元/人，自费）	九寨沟县××饭店	含早、晚餐，景区午餐自理
D3	早 6:30 返程，途中在牦牛肉店、水晶店、中药材店、四川土特产品店、古羌城购物		含早、中餐
二、服务项目及标准			
1	往返用车：空调大巴		
2	住宿：住宿双人标间或三人间（80 元/间）		
3	用餐：含 4 正 2 早，正餐标准 20 元/人，8 菜 1 汤，10 人 1 桌		
4	门票：以上所列景点大门票		
5	导游：优秀地方导游服务		
6	旅行社责任险		
7	报价中不含：旅游意外险、景区内交通费用		
三、综合报价	成人 680 元/人；未成年人（不占床位）450 元/人		
备注	1. 行程报价是游客参加购物和自费项目后的优惠价，游客必须参加至少 1 个自费项目、进 5 个购物店（但不强制购物）； 2. 若住宿中出现单男单女现象，请入住单间的游客支付另一半房费。		

［评述］上述产品保留了九黄线的精品景点，如世界遗产景观九寨沟、黄龙，但减少了都江堰水利工程、汶川大地震遗址两个景点，时间减少一天，住宿和餐饮标准也全部降低，而且合同规定游客必须参加一个 150 元的自费项目（旅行社有 100 元佣金），进 5 个购物店（导游、司机和旅行社均有分成）。这样，旅行社、导游、司机均可从游客参加自费项目和购物中获得利益，旅行社成本降低，有利于通过价格手段抢占市场。

但是，该产品报价已低于成本价，属于零利润团队（实际上旅行社仍可从佣金中获取利润）。游客贪图直观报价低，实际上最终支付的团费加自费，总额并不低于纯玩团。相比纯玩团而言，这种团队吃住标准低、另行付费项目多、购物时间长，每天行程特别紧张；尤其是导游变相成为“导购”，经常诱导游客消费，游客最终感受并不好，也会损坏旅行社声誉和当地旅游业的形象。

实例 3：某旅行社设计的九寨沟—黄龙世界遗产中高端线路产品如表 4－3 所示。

表 4－3　四川某旅行社设计的九寨沟—黄龙世界遗产双飞三日游线路（豪华团）

一、旅游行程安排			
日期	行程	住宿	用餐
D1	成都 8:30 机场成团，10:15 乘国航××航班前往九黄机场，下午游览黄龙风景区（时间 5 小时，含门票 200 元、景区索道费 80 元）	宿沟口××饭店	含午、晚餐
D2	早餐后全天游览世界自然遗产九寨沟（含门票 220 元、环保车 90 元，游览时间 6 小时），晚上观看藏羌歌舞晚会（150 元/人，自费）	宿沟口××饭店	含早、晚餐，景区午餐自理

续表

D3	早餐后前往九黄机场，途中安排特色高原食品牦牛肉专卖店购物（1小时），下午17:50乘××航班，返回成都，结束愉快旅行		含早、中餐
二、服务项目及标准			
1	交通：飞机		
2	住宿：住宿四星双人标准间		
3	用餐：含4正2早，正餐标准50元/人，4凉菜10热菜1汤，10人1桌；早餐标准10元/人		
4	门票：以上所列景点大门票（含九寨沟、黄龙景区内交通费用）		
5	导游：中级以上导游服务		
6	旅行社责任险：个人最高赔付30万元		
7	报价中包含旅游意外险		
三、综合报价	成人2 380元/人；未成年人（不占床位）1 980元/人		
备注	1. 旅游行程可能会发生一些调整，但不减少旅游的天数和景点； 2. 行程中购物自愿； 3. 若住宿中出现单男单女现象，旅行社有权安排一个三人间或请入住单间的游客支付另一半房费。		

［评述］上述双飞团的报价虽比汽车团高了一倍，但行程宽松，全程住宿为四星级标准，餐标也大大提高，而且乘飞机比乘坐汽车舒适和安全，因此比较适合时间有限、对旅游价格不敏感或追求旅游舒适度的中高端客人。

二、旅行社外联旅游产品设计

旅行社组织省外旅游或海外旅游时，对各地分项旅游产品的采购就不再具有优势，享受的价格优惠也少，因此一般选择采购外地旅行社开发的产品，这就是我们所称的外联旅游产品。旅行社外联旅游产品的价格由各地地接价加上前往旅游地的往返交通费用、护照及签证费用、全陪或领队服务费用以及旅行社的合理利润构成。

（一）设计流程

旅行社开发外联旅游产品的第一步是市场调研，分析省外或海外旅游目的地在本地市场是否具有开发潜力。旅行社应优先选择符合本地旅游者消费水平和消费习惯的旅游产品进行开发。

第二步是选择合适的合作伙伴，包括优良的省外地接旅行社或海外旅行商。双方应签订正式的合作合同，建立稳定的合作关系，明确权利和义务以及旅游纠纷的处理机制。组团旅行社应在保证地接质量的前提下，争取获得最大的价格优惠，以降低自己组团的价格或者扩大自己的利润空间。

第三步是配套产品。重点是选择前往旅游地的往返交通方式。如果客源丰富而且时间上相对集中，可以采取包机、包火车的方式往返，有利于大幅度降低旅游交通成本。

第四步是启动市场并修改产品。旅行社通过恰当的促销方式迅速启动旅游市场，并根据前期旅游客人反馈的意见和建议优化旅游产品，针对不同消费群体细分产品，达到抢占更多市场份额的目的。

（二）实例分析

实例1：表4－4是北京某旅行社设计的昆明、大理、丽江、香格里拉双飞七日游产品。产品的核心是云南昆明某旅行社开发的昆明、大理、丽江、香格里拉火车（汽车）六日游产品，北京某旅行社采购该产品后，加上北京往返昆明的双飞行程和在昆明的首日食宿，成为“双飞七日游”产品。

表4－4　北京某旅行社设计的昆明、大理、丽江、香格里拉双飞七日游线路

一、旅游行程安排			
日期	行程	住宿	用餐
D1	上午从首都机场乘机赴昆明，游滇池景区	宿昆明	含晚餐
D2	早餐后赴天下第一奇观石林，游望峰亭、双鸟渡食、阿诗玛化身石等，观茶道表演，晚乘火车硬卧赴大理	宿火车	含早、中、晚餐
D3	乘船游洱海（自理）南诏风情岛，远眺小普陀，白族歌舞三道茶，游览大理古城、洋人街、崇圣寺三塔、蝴蝶泉	宿大理	含早、中、晚餐
D4	乘车赴丽江，游览丽江古城、四方街	宿丽江	含早、中、晚餐
D5	乘车赴香格里拉，途中游长江第一湾、虎跳峡	宿中甸	含早、中、晚餐
D6	观玉龙雪山，乘索道上云杉坪，白水河，甘海子高原牧场，自费游东巴乐园（10元/人），乘车赴大理，晚乘火车返昆明	宿火车	含早、中、晚餐
D7	早餐后游览世博园、花卉市场，乘机返回北京，结束愉快旅行，回到温馨的家		含早、中餐
二、服务项目及标准			
1	交通：往返飞机票，当地旅游用车		
2	住宿：住宿二星或同级双人标准间		
3	用餐：正餐八菜一汤，十人一桌（不含酒水）		
4	门票：以上所列景点首道门票		
5	导游：优秀地方导游服务		
6	旅行社责任险：个人最高赔付30万元		
7	报价中不含：旅游人身意外险，机场建设费，航空保险		
三、综合报价			
1	成年人，标准A等：2 510元　标准B等：3 200元（住四星）		
2	未成年人：2 100元（含餐、门票、往返机票、火车票、旅游车位；不占床）		
友情提示：往返是折扣机票，按航空公司规定不得改、换、退			

［评述］该产品在暑期推向市场，获得较好的市场反响。

实例2：表4－5是北京某国际旅行社推向市场的澳、新10日游产品，产品的核心是澳大利亚旅行社设计的澳、新9日游地接旅游产品，旅行社在地接价的基础上加上往返交通费、签证费、领队服务费和旅行社利润等费用，以总价9 980元/人标准推向市场。

表 4-5　北京某国际旅行社设计的澳大利亚、新西兰 10 日考察游线路

线路名称	澳大利亚、新西兰 10 日考察游		发团日期	××年××月××日
旅 行 社	××国际旅行社		联 系 人	张先生　吴小姐
联系电话	(010) 8560××××		标团价格	¥9 980 元/人
旅游行程（10 天）	D1	北京—悉尼 抵达后由当地中文导游接待，游览皇家植物园，下午乘游轮环游景色绝佳的天然港湾情人港、悉尼港；游览闻名遐迩的悉尼歌剧院（外景）及悉尼大桥		
	D2	悉尼—堪培拉—悉尼 早餐后乘车前往澳大利亚首都堪培拉，游览雄伟夺目的现代大楼国会大厦及战争纪念馆、风景宜人的格里芬人工湖及喷泉、有超过 70 个国家使馆的外交使馆区，晚餐后返回悉尼		
	D3	悉尼—布里斯班—黄金海岸 早餐后，乘机飞往布里斯班，抵达后参观议会大厦、市政厅、唐人街、南岸公园，游览世界博览会旧址，晚餐后乘车前往澳洲度假地“黄金海岸”，在冲浪者的天堂尽情享受阳光和舒适海风		
	D4	黄金海岸—布里斯班 早餐后乘车前往“梦幻世界”，看考拉、袋鼠和精彩的剪羊毛表演，可享用各种惊险刺激的娱乐设施，之后乘车返回布里斯班		
	D5	布里斯班—奥克兰 早餐后乘机飞往新西兰第一大城市奥克兰，抵达后游览风景秀丽的港湾大桥、天鹅湖、独树山，游览秀丽妩媚的伊甸山风光		
	D6	奥克兰—罗托鲁瓦 早餐后乘车前往土著毛利族的文化荟萃之地罗托鲁瓦，抵达后参观著名的华卡雷瓦地热保护区及火山喷泉区，游览毛利文化村和美丽的罗托鲁瓦湖		
	D7	罗托鲁瓦—奥克兰 早餐后，赴红木森林漫步，之后乘车返回奥克兰，游览工党纪念碑、天使湾、美国杯帆船旧址		
	D8	奥克兰—墨尔本 早上乘机飞往墨尔本，游览墨尔本皇家植物园、古老的圣伯多禄大教堂及库克船长小屋（外景），下午前往菲利普岛观看世界奇观之一——最小企鹅登陆		
	D9	墨尔本参观淘金矿区，游览市区		
	D10	墨尔本—北京 早餐后，乘飞机返回北京，机场散团		
相关说明	报价包含： 1. 入住当地酒店的含空调双人标间，中式午、晚餐； 2. 中文导游服务； 3. 行程内景点门票； 4. 豪华旅游车； 5. 国际段机票； 6. 澳大利亚、新西兰旅游签证； 7. 境外人身意外保险。 报价不含： 1. 行程中自费项目； 2. 境外导游和司机小费每人每天 5 美元；			

相关说明	3. 宾馆住宿的个人消费（收费 TV、洗衣费、迷你 BAR、电话传真等通信费用）； 4. 行程规定外的餐饮、酒水等费用及个人消费； 5. 悉尼海鲜市场餐费； 6. 新西兰离境税。
友情提示	旅游签证资料： 1. 因私护照原件（护照在签证日期截止后应有 6 个月有效期，护照内应有 2 张相邻的空白页）； 2. 4 张 2 寸白底彩照（与护照照片同底最好）； 3. 身份证及户口全家页复印件（父母、夫妻、子女全家页逐页复印）； 4. 工作单位营业执照或机构代码证复印件加盖公章（已年审）； 5. 单位抬头信笺纸 4 张加盖公章（有单位地址、电话、负责人签章，信笺抬头与营业执照或机构代码证上单位名称一致，电话一定要真实，使馆会打电话核实）； 6. 人民币 5 万元以上的资金证明信原件、定期存单复印件、活期存折往来账复印件一并提供（资金越多越好）； 7. 房产证复印件（有汽车行驶证、股票交割单等经济证明的请尽量提供）； 8. 结婚证复印件； 9. 退休人员请提供退休证原件，以上 4、5 项不必提供； 10. 孩子（18 周岁以下）随父母出游，请提供亲属关系公证（我社可协助办理）。

［评述］这条线路所涉及的各种游览项目明确，行程安排清楚，购买者一目了然。

（三）组团旅行社在采购省外或海外旅行社地接旅游产品时注意事项

（1）如果组团旅行社销售部门需要根据客人的要求增减旅游项目或者改变接待标准，必须将更改的内容书面传真给地接社并获得确认。

（2）当旅游者决定购买旅行社采购的线路产品后，双方确认的旅游行程单将作为旅游合同的附件，具有相应的法律效力，组团旅行社应该将此行程单及时发给地接旅行社确认并落实，建立起三方责任制。

（3）海外地接旅游产品同样存在零、负团费现象，还有的地接社安排的游览点其实是变相的购物点（如玻璃博物馆、锡器博物馆、蛇毒研究所等），旅行社外联旅游产品时一定要考察好线路，避免引起客人投诉。

（4）组团旅行社应当在与游客签订的旅游合同中注明省外或海外地接旅行社名称及基本情况，尽到告知义务。

拓展练习

1. 一条完整的旅游线路应包括哪些主要内容？
2. 简述旅行社地接旅游产品设计的基本流程和外联旅游产品设计流程。

项目答疑解惑

通过本项目的学习，我们能够清楚地知道计调人员在设计旅游线路时要创新，要针对不同消费市场设计差异化线路产品，才能吸引更多旅游者，做大市场。

项目小结

本项目从旅游者消费需求出发，讲述了旅游线路设计中应该遵循的原则和规律，以及旅游线路设计的基本流程。本项目内容对于增强旅行社产品设计能力、提高其市场占有率具有重要的指导意义。

实训练习

一、选择题（可多选）

1. 下列节日中（　　）属于法定节假日。

A. 国庆节　　B. 中元节　　C. 重阳节　　D. 元宵节

2. 旅游线路按线路性质划分为观光旅游线、休闲旅游线和（　　）。

A. 游览旅游线　　B. 生态旅游线　　C. 宗教旅游线　　D. 专题旅游线

3. 在做国内旅游产品设计时，需要从（　　）入手。

A. 确定景点　　B. 分析游客意见表

C. 市场调查与预测　　D. 游客行程表

4. 城市间交通耗费的时间不宜超过全部游程时间的（　　）。

A. 1/2　　B. 1/4　　C. 1/3　　D. 1/5

5. 在旅游决策的过程中，（　　）的旅游偏好与其所从事的职业有相当密切的关系。

A. 群体　　B. 旅行社　　C. 企业　　D. 个体

二、案例分析题

×市的一个旅行社组织旅行游览。旅游车行驶在高山冰冻湖面上，车未开多远，忽然冰层破裂，致使车未能及时刹住，沉入湖底，导致 2 名游客死亡，14 名游客受伤。

问题：

本案例是因为旅行社的失误而造成的严重过失行为吗？如果是，问题出在哪里？应如何避免？（《案例研讨表》见附录四）

项目五

计调采购业务

问题导入

计调采购业务是旅行社计调人员为组合旅游产品而向分项产品供应商采购交通、食宿、游览、娱乐等单项服务产品，经过组合加工形成线路产品的过程。如果你是旅行社计调人员，你会采用哪些办法确保分项产品采购的顺利和优质低价？

任务导读

旅行社通过计调采购提供旅游者所需的各种旅游服务，保证团队的正常运行。在旅行社产品成本中，由计调部门采购的分项旅游产品成本占据主要地位，因此，加强计调业务管理，对于降低旅行社线路报价、增强企业竞争力具有十分重要的意义。

学习目标

1. 认识建立协作网络的重要性；
2. 熟悉计调采购的内容以及流程；
3. 能够正确处理计调采购中的各种关系和特殊情况。

任务一　旅行社服务协作网络的建立

案例导入

导游员小毛从王经理手里拿过团队运行计划表时，王经理还递给她一条包装好的从上海带回来的高级真丝纱巾，嘱咐她一定要转交给当晚团队所住宾馆营销部的唐经理。小毛不解地问："我们的团队入住唐经理的宾馆，是给宾馆送生意上门，您干吗还要给她送这么好的礼物？"王经理对小毛解释道："虽然我们社组织的旅游团队多，而且我也长期将团队安排入住唐经理的宾馆，但与宾馆负责人建立良好的私人关系，对经营旅行社来说是至关重要的。也许唐经理并不看重我给她的礼物，但她一定会看重我对她的尊重、对她长期给予我支持的感谢。"小毛终于明白了王经理的一番良苦用心。

案例设问：旅行社与供应商友好合作的目的是什么？旅行社应怎样与供应商建立协作网络？

知识探究

旅行社服务协作网络涵盖吃、住、行、游、购、娱六大要素产品供应商。旅行社建立协作网络的目的是保证旅行社所需旅游服务的供给，降低经营成本。协作网络建立的方式是签订合作协议，明确旅行社享有的优惠政策和双方的权利、义务及违约责任，以此作为旅行社采购相关供应商产品的依据。

一、旅行社服务协作网络构成

（一）交通运输部门

旅游交通运输部门包括航空公司、铁路、公路和水上运输等企业，是旅行社产品的重要组成部分，其费用在旅游团费中占很大的比重，特别是在长途旅游产品中有时达到旅游者旅行总支出的30%～40%。旅行社通过与交通运输部门合作，不仅可以及时购买到交通票据，还可以从交通运输部门得到一定比例的佣金，降低经营成本。而对于交通运输部门来讲，由于运输的固定成本高，市场调节能力较差，交通运输部门也都非常热衷于同旅行社进行业务合作，以寻求稳定的客源。

（二）住宿部门

住宿部门包括酒店、旅馆、招待所、度假村、民宿等基本住宿设施和露宿营地、活动预制住宅等辅助性旅游住宿设施。一方面，旅行社计调与酒店等住宿部门建立长久、稳定的合作关系，对于保障住宿需要意义重大；另一方面，酒店固定成本投入很高，其产品具有不可贮存性，所以对酒店业主来说，在营业期间保证最大限度的客房出租率是十分重要的，双方有合作的基础。旅行社要通过建立协作关系拿到较低的协议价或奖励政策，有效地降低住宿服务成本。

（三）餐饮部门

餐饮服务是旅游供给必不可少的一部分。对现代旅游者来说，旅游用餐既是一种需要，又是旅游中的莫大享受。餐馆的环境、卫生，饭菜的色、香、味、形，服务人员的素质，餐饮的品种，以及符合客人口味的程度等，都会影响旅游者对旅行社产品的最终评价。因此选择合适的旅游餐饮供应商意义重大，旅行社计调部门必须高度重视，既要考虑价格因素，还要考虑环境、服务、品质、味道、卫生等因素，让餐饮为线路产品加分。

基本要求是：（1）计调人员应先实地查看餐馆的位置、环境、卫生设施、停车场地、餐厅大小、团餐标准和菜品风味等基本情况，择优备选；（2）选择餐馆时，不宜过多，应少而精，而且要注意地理位置的合理性，避免因用餐的来回往返增加交通成本；（3）要与确定的餐饮企业签署合作协议，重点载明团餐标准、优惠政策及结算办法。

（四）旅游景区

旅游景区是一个国家或地区发展旅游业的物质基础，参观游览是旅游活动中最基本、最重要的内容。在我国现阶段旅游淡旺季明显、景区价格居高不下的背景下，旅行社与旅游景区建立协作关系，不仅有可能降低门票开支，更重要的是能够保证旺季时的门票供应。

（五）购物商店

旅游购物属于旅游者的非基本需求，但在现代旅游过程中，没有购物活动的旅游是极少的。旅游者不仅把在旅游地所购物品作为美好的纪念和馈赠亲友的礼品，而且还将购物当作旅游活动的重要内容。为保证旅游者买到称心如意的商品，旅行社应当选择产品质量好、商业信誉佳的购物商店，尤其注意购物商店的商品应当体现地域文化特色，能够为游客所喜爱。双方在签订协作协议时，不仅要注明购物优惠政策，还要有品质保证措施和退换货处理办法，明确违约责任。有的购物商店为了促销会给旅行社和导游较高的返点，甚至会给旅行社一定的股份，这对于旅行社降低团费、招徕游客有一定的好处，但如果旅行社把利润重心放在旅客购物上，就很难保证让游客购买到物美价廉的物品了。

（六）娱乐部门

旅游娱乐是旅游活动的重要组成部分之一，丰富多彩的、健康向上的娱乐活动已成为旅游者在旅游生活中必不可少的重要内容，是参观游览活动的延续和补充。这就要求旅行社计调部门与剧场、戏院、各文艺团体等娱乐部门建立必要的合作关系，将健康向上、具有民族风格、代表民族精神的艺术作品奉献给旅游者。

（七）保险公司

旅游保险是指旅游者在旅游过程中，因发生各种意外事故造成经济损失或人身伤害时，由保险公司给予其经济补偿的一种制度。旅游保险既有利于保护旅游者合法权益，又有利于减轻旅行社经营风险。根据国家规定，旅行社必须购买旅行社责任险，同时提醒客人购买旅游意外保险，除此之外旅行社还可以为特种旅游购买特殊保险，如为自驾车团队购买自驾车旅游险等。

计调人员应当熟悉2010年国家旅游局与中国保监会联合颁布的《旅行社责任保险管理办法》，熟悉全国统保政策，在统保政策规定的保险公司范围内选择合作商，同时可以旅行社协会名义与保险公司协商优惠政策或未尽事宜。签订合作协议后，旅行社应当按时足额向保险公司购买旅游保险。

（八）与相关旅行社建立协作关系

旅行社接待的客源主要来自两个渠道：一是由旅行社销售部门直接对外招徕；二是通过与其他旅行社协作，委托其他旅行社代理招徕游客，或者旅行社之间开展转并团业务。计调部门在日常工作中要保持与其他旅行社的密切关系，通过签订转并团协议或者建立委托代理关系进行实质性合作。外联销售部门组织的散客如果人数不足成团，应在征得客人书面同意后，及时向协作旅行社转并团。

二、旅行社服务协作网络构建方式

（一）签订采购合同

签订采购合同是当事人为避免和正确处理可能发生的纠纷而采取的行为，可以确保各自经济利益的实现。采购合同的基本内容包括下述五个方面。

1. 合同标的

合同标的是指合同双方当事人权利义务指向的事物，即合同的客体。旅游采购合同的标的就是旅行社购买和旅游服务供应企业出售的旅游服务，如客房、餐饮、汽车运输等服务。

2. 数量和质量

由于旅游采购合同是预购契约，不可能规定确切的购买数量，只能由买卖双方商定一个计划采购量，或者是规定一个采购和供应制度。关于质量则由双方商定一个最起码的质量要求。

3. 价格和付款办法

合同中应规定拟采购的服务的价格。由于价格常常随采购量的大小而变动，而合同中又没有写明确定的采购量，因此，可商定一个随采购量变动的定价办法，同时要规定在合同期内价格可否变动及其变动条件。在国际旅游采购合同中应规定交易所用的货币以及在汇率变动时价格的变动办法。此外，还要规定优惠折扣条件、结算方式及付款时间等。

4. 合同期限

合同期限是指签订合同后开始和终止买卖行为的时间。一般是一年签一份合同，也有的是每年按照淡旺季签两份合同。

5. 违约责任

违约责任是指当事人不履行合同义务或履行合同义务不符合约定应负的法律责任。按照我国《民法典》的规定，违约方要承担继续履行、采取补救措施或者赔偿损失等违约责任。

（二）建立战略合作关系

通过与供应商建立战略合作关系，可以确保旅行社服务协作网络发挥实效。双方合作的方式有：（1）双方双向或单向投资参股；（2）双方品牌共享或连锁；（3）双方结成战略合作伙伴，共同开拓市场，互利共荣。这样，双方合作的基础不再是简单的产品买卖，而是资本融合和利益共享，成为真正的利益共同体。

拓展练习

1. 旅行社计调采购业务的目的是什么？

2. 案例分析：

黎小姐利用周末参加了一家旅行社组织的“周末郊区观光二日游”活动，并与旅行社签订了旅游合同，双方约定住宿标准为三星级酒店。星期六的游览活动结束后，导游员将旅游团安排在一家酒店入住。黎小姐进入房间后发现，客房设施陈旧，水龙头里流出的水都是浑浊的，房间似乎很久都没人住了，散发着霉味。黎小姐当即找到旅行社导游员，认为入住的酒店不是三星级，要求更换。导游员坚持所安排的酒店是三星级，并带黎小姐来到酒店大堂，让黎小姐查看悬挂在大堂墙上的由国家旅游局颁发的三星级酒店标牌。但是，黎小姐仍然对酒店的星级表示怀疑，并向旅游质监部门投诉。

思考：为避免上述情况的发生，旅行社计调人员在采购服务产品时，应怎样选择合作商？

任务二　计调采购流程

案例导入

天丰旅行社接待了一个由20人组成的入境旅游团。为了满足客人品尝当地风味菜的要求，该社安排旅游团在市中心的一家名气很大的餐馆就餐。餐厅在四周安放了电视机，当时正在直播一场重要的足球比赛，精彩的场面不时引起就餐客人大声喝彩，餐厅内还有客人吸烟、喝酒猜拳，非常热闹。旅游团的客人很不习惯这种场景，尽管菜肴十分可口，餐厅服务员也热情周到，但客人匆匆吃完后立即离开，不少客人抱怨旅行社的安排不当。

案例设问：计调人员应如何采购服务产品？

知识探究

一、计调部门对交通服务的采购

（一）航空交通服务采购

航空交通服务采购是指旅行社计调人员根据团队旅行计划，为旅游团队代购旅游途中所需机票的行为。航空交通服务采购分为两种形式，即定期航班机票的采购和旅游包机的预订。

1. 定期航班机票的采购

定期航班机票的采购业务包括机票的预订、购买、退订与退购、机票变更四项内容。

（1）机票的预订。旅行社计调在预订机票之前，必须了解乘坐飞机的旅游者和提供这种服务的航空公司两方面的信息。旅游者方面的信息包括旅游者的姓名、身份证号码（或护照号码）、联系电话、同行的人数（有无儿童随行）、旅行目的地、乘机日期和具体时间、支付方式及其特殊要求等。航空公司方面的信息包括飞行设施设备、机票价格及其他服务信息。

（2）机票的购买。计调人员在预订和购买机票时，应将填好的“机票预订单”按照航空公司规定的日期上传（或报送）至航空公司，并在航空公司确认后及时付款。收到电子客票信息后应认真核对机票上的乘机人姓名、航班、起飞时间、票价金额、前往目的地等内容。

（3）机票的退订与退购。如遇旅游计划变更、旅游团队人数减少等情况，计调人员应及时办理退订或退票手续，以减少损失。

（4）机票变更。旅行社因旅行计划变更需要变更航班、日期、舱位等级时，计调人员应按照航空公司的规定及时提出变更申请。

2. 旅游包机的预订

旅游包机是因正常航班无法满足需要而采取的一种弥补措施，这种情况多发生在旅游热点地区或正常航班较少的地区。包机方式有单次往返和固定航线往返（每周固定几个航班）两种。包机可以大幅度降低交通成本，但也存在一定的风险，如果组团人数不够，就可能出现亏损。旅行社可以联合多家同行共同包机，以分担风险。

当旅行社需要包机时，计调人员应同旅游包机公司或航空运输企业联系，提出包机申请，询问包机价格、机型、起降时间和地点。一旦条件合适即可缴纳定金，并请旅行社有关领导出面签订包机协议。如果包机机位有空余，旅行社可以向同行转让。

（二）铁路交通服务采购

火车是旅游者旅行时经常乘坐的一种交通工具。现在，高铁、动车已经成为旅游出行的最优选择。铁路交通服务的采购业务包括火车票的预订与购买、退票、车票改签和变更线路等。

1. 火车票的预订与购买

计调人员应首先向铁路售票处提出预订计划，包括订购火车票的数量、种类、抵达车站及车次等，然后持现金或支票、客人的有效证件到售票处取票。

2. 退票

当旅游者的旅行计划变更或取消时，计调人员应按铁路部门的相关规定办理退票手续，并缴纳退票费。

3. 车票改签

可办理改签。普通列车的车票，改签须在开车前办理，如遇特殊情况，须持相关证明并经站长同意在开车后 2 小时内办理。动车的车票改签不受此限制。改签只能办理一次，票价多退少补，但铁路部门不能保证卧铺客人的铺位。

4. 变更线路

由于团队旅游计划变更致使乘车线路发生改变的，计调人员可在距开车前 48 小时办理变更到站手续；不足 48 小时的，应先办理退票手续，然后按调整后的接待计划重新预订车票。

（三）公路交通服务采购

公路交通主要用于市内游览和近距离旅游目的地之间的旅行。旅行社计调人员在采购公路交通服务时，应根据团队计划、团队人数、旅游线路及收费标准向旅游汽车公司提出用车申请，双方签订用车协议。为了避免差错，计调人员应在旅游者或旅游团队抵达前的 2～3 天内再次与汽车公司联系，核实车辆落实情况，并将所用汽车的车型、驾驶员姓名等情况通报旅行社接待部门。

旅行社可以根据业务需要，在相对固定的日期内长租（包租）旅游车公司的某些车辆，这些车辆在租期内由旅行社进行业务管理，可以大大减少用车的中间环节，降低车辆租赁成本。但需要强调的是，旅行社一定要使用有正规资质的公路交通工具，切不可贪图便宜使用“黑车”，埋下安全隐患。

（四）水运交通服务采购

水运交通包括内河航运、沿海航运和国际邮轮等形式，具有运载力大、价格相对便宜、悠闲舒适的特点。旅行社计调人员在采购水运交通服务时，应根据旅游者或旅游团队的旅行计划和要求，向轮船公司等水运部门预订船票。取票时计调人员应根据旅行计划逐项核对船票的日期、离港时间、航次、航向以及乘客名单、船票数量及船票金额等内容。购票后，如因旅行计划变更造成乘船人数增加、减少，或旅行计划取消，应及时向水运部门办理业务变更手续。

二、计调部门对住宿服务的采购

（一）订房程序

第一，认真研究外联部与客人签订的旅游合同或组团社发来的订房传真，弄清楚旅游者的住宿标准和用房数量。

第二，根据住宿要求在已签订协议的合作宾馆中选择合适的宾馆。

第三，电话联系宾馆营销部，传真发送订房通知单。在订房通知单上准确填写订房要求，尤其是团号、入住时间、入住标准、入住人数、房价（是否含早餐）、有无特殊要求等项目。订房通知单示例见表 5-1。

表 5-1　××省中国旅行社订房通知单

收件单位	××大酒店	发件单位	××省中旅××部
收件人	杨×经理	发件人	李××
传真号	×××	传真号	×××
团号	CTSJ200507027A		
入住时间	××××年 7 月 27 日	入住人数	26+3
入住标准	双人标间	价格	××元/间（含早餐）
中晚餐标	无	特殊要求	无
备注			
请确认！谢谢合作！ ××省××旅行社		负责人签字	××
		发件日期	××××0723　10:00

第四，注意查收宾馆的回传。宾馆收到旅行社的订房传真后，一般会较快地做出决定，并在旅行社发去的传真上签注意见，再回传给旅行社。

第五，登记存档。收到宾馆的确认传真后，计调人员应立即登记，并按照发团日期顺序排列存档。若同一天有几个团队确认传真，可按收到回传的时间先后排列存档。

（二）订房业务中常见的问题及应对措施

1. 宾馆无房，无法确认预订

此类问题多在旺季出现。计调人员应立即与其他协议宾馆联系订房，实在无法解决，就要请示经理提高预订价格。为了防止类似现象的发生，计调人员应注意与多家宾馆签订订房协议，选定的客房类型及价格也应该多样化，同时还应努力与宾馆营销部的人员建立良好的私人关系。

2. 无法拿到理想房价

由于预订时间离入住时间太近或预订的房间很少，计调人员订房时无法拿到理想的房价。遇到这种问题，计调人员可委托其他计调人员帮助联系订房，或者另找一家宾馆订房。

3. 目的地无协议宾馆

任何一家旅行社都不可能与所有目的地的宾馆签有协议，若出现上述问题，计调人员可采用的解决方案有二：一是多方寻找与目的地宾馆有协议的旅行社，通过其联系订房，二是使用网络找到当地宾馆的联系方式，自行联系订房。

4. 因故临时增加或减少甚至取消订房

临时增加或减少甚至取消订房是计调工作中的常见问题，办理时间越早越主动。增加订房时要力争以原价增订，如果难度较大，也可以同意宾馆涨价要求，并将涨价的情况告诉客人，由客人选择是否增订。对于减少或取消订房，一般旅行社与宾馆在签订协议时有明文规定，计调人员在处理时既要考虑按协议办，又要应对灵活，把损失减少到最低。

5. 房间不够或房型不符

旅游旺季时房源紧张，旅行社预订房间时经常出现房间不够或房型不符的现象。针对房间不够的问题，旅行社计调人员可以联系其他宾馆看能否解决，必要时可以让客人分住多家宾馆。如果是房型不符，一时又无法解决，计调人员应尽量就高不就低，即提供高于合同标准的房间且不再另行收费。如果房间低于合同标准，就应该考虑给予客人一定的补偿。对于热点地区的宾馆，建议旅行社通过季度或年度包房方式确保房源。有实力的旅行社还可以通过投资入股方式来把控房源，同时增加新的收入途径。

三、计调部门对餐饮服务的采购

计调部门采购餐饮服务时，有以下注意事项：(1) 常规旅游团队正餐尽量安排在签约供应商处用餐。临时用餐则可以委托导游人员灵活安排。早餐一般由入住酒店免费提供。(2) 要提前通知导游用餐地点、餐馆名称、联系电话和联系人，请导游督促餐馆按标准提供餐食。客人在餐标之外加菜、加酒水，请餐馆自己收取费用，不得列入结算单（《餐饮费用结算单》见表 5－2）中。(3) 旅行社与签约供应商结算的方式可以现结，也可以由导游签单，然后由财务部门定期统一结算。

表 5－2　餐饮费用结算单

<table>
<tr><td colspan="3">付款单位</td><td colspan="3"></td><td>用途</td><td colspan="2"></td><td>日期</td><td></td></tr>
<tr><td colspan="3">旅行团名称</td><td colspan="3"></td><td>人数</td><td colspan="2"></td><td>陪同签名</td><td></td></tr>
<tr><td rowspan="3">项目</td><td colspan="2">餐费标准</td><td colspan="3"></td><td colspan="3">饮料费标准</td><td colspan="2"></td></tr>
<tr><td>客人</td><td>全陪</td><td>地陪</td><td>司机</td><td>陪餐</td><td>饮料</td><td>白酒</td><td>啤酒</td><td colspan="2"></td></tr>
<tr><td></td><td></td><td></td><td></td><td></td><td></td><td></td><td></td><td colspan="2"></td></tr>
<tr><td>人数</td><td></td><td></td><td></td><td></td><td></td><td></td><td></td><td></td><td colspan="2"></td></tr>
<tr><td>金额</td><td></td><td></td><td></td><td></td><td></td><td></td><td></td><td></td><td colspan="2"></td></tr>
<tr><td colspan="11">合计金额（大写）</td></tr>
<tr><td>备注</td><td colspan="10">须本单位陪同签名，数量必须大写，涂改无效，无公章无效。</td></tr>
</table>

四、计调部门对参观游览项目的采购

参观游览项目采购的核心是门票采购。旅行社要争取旅游景区给予优惠价或折扣价，同时注意不同景区对特殊人群（老人、儿童、学生等）的优惠办法，譬如，有的景区实行65周岁以上半价、70周岁以上免票，但有的景区只对70周岁以上免票且观光车不免。掌握这些优惠政策不仅方便外联销售时回答游客的疑问，也有助于与导游和景区进行票务结算。

旅行社预订景区门票有两种方式：一是传真，属于传统预订方式，需要对方在预订单上确认后回传；二是在线预订，直接上网订购，方便快捷。具体采用何种方式由景区决定。另外，也有许多景区门票不需要预订，由导游现场购买。

五、计调部门对文娱项目和购物服务的采购

旅行社计划内的文娱节目由计调部通过电话订票，导游人员现场签单或付款后取票。游客自愿观看非计划内的文娱表演，可请导游人员帮助联系，如需旅行社提供往返交通的，另行收取费用。当前许多演艺场所采用给予旅行社和导游“佣金”的方式来吸引观众，旅行社应当加强对这部分资金的监管。

旅游线路中如果包含购物活动，旅行社计调人员只需提前电话通知合作购物店旅游团队大致到达的时间和人数即可，导游会按照团队行程表将客人带往规定的购物店，购物店也会安排专业导购员介绍商品。旅行社计调部门要禁止导游擅自增加购物点的行为。

六、计调部门对旅游保险业务的采购

旅行社责任险按年度购买，计调部门平时主要采购旅游意外险。按照《旅游法》的要求，旅行社应当向游客推荐购买旅游意外险。由于旅游意外险费用不高，旅行社也可以采用团费包含旅游意外险的方式统一购买，并在出行前及时将保单上传保险公司予以确认。旅游意外险默认受益人为旅游者本人或其法定继承人。

如果发生保险责任事故，旅行社计调部门应当及时向保险公司报告，重大事故应请保险公司提前介入，事后旅行社应当按规定提交权威部门出具的事故责任认定书和损害证明，附上《旅行社游客保险索赔申请书》及相关票据，由保险公司在责任范围内进行赔偿。

拓展练习

1. 旅行社计调服务采购的内容有哪些？
2. 计调部门如何采购旅游交通、住宿、餐饮等服务项目？
3. 计调部门如何应对订房业务中常见的问题？
4. 计调部门与餐饮企业合作时应注意哪些事项？
5. 计调部门应怎样处理旅游保险业务？

任务三 计调采购特殊情况处理

案例导入

贵州某企业组织员工到昆明旅游，将所有活动安排委托给某旅行社。双方约定旅游团往返均乘坐火车硬卧，并由旅行社负责安排大巴将参加旅游的员工从企业接送到火车站。出发当天，该企业参加旅游的员工准时到达指定集合地点，但是，旅行社租用的大巴却迟迟未到。左等右等，终于盼来了大巴，但时间已经所剩不多，尽管司机全力追赶，仍没有赶上火车。旅行社决定让司机驾车走高速路赶在火车到达前 20 分钟抵达前方车站。当旅游团的成员乘上赴昆明的火车后，发现自己的卧铺车位幸运地被保留着。这是怎么回事呢？原来是旅行社发现火车离站后，赶紧一边让汽车追火车，一边与火车站联系，请求站方通知列车乘务组保留卧铺车位。由于旅行社计调部门协调得当，旅行团的行程未被耽搁，众人的游兴也未受影响。

案例设问：旅游采购是一种预约性的批发交易，是一次谈判、多次成交的业务，谈判和成交之间既有时间间隔又有数量差距，旅行社在与合作商的合作中会出现许多意想不到的情况，出现问题后，计调人员应采取哪些措施予以挽救呢？

知识探究

一、正确处理计调采购业务中的各种关系

计调采购特殊情况处理的核心是保证供应，降低成本，提升业绩。业务管理由计调部经理负责，首先应处理好下述关系。

（一）正确处理保证供应与降低采购成本的关系

保证供应和降低成本常常发生矛盾，计调人员首先要保证供应，能够采购到合格的产品；其次才是结合市场供需情况，尽可能获得最便宜的价格，通过降低成本来增强自己的竞争力和利润空间。

（二）正确处理集中采购与分散采购的关系

旅行社是旅游中间商而不是旅游消费者，它把旅游者的消费需求集中起来向旅游服务供应企业采购，这种采购是批量采购而不是零星分散的采购。因此，旅行社计调部门应该集中自己的购买力以增强自己在采购方面的还价能力。集中购买有两个方面的含义：一是把本旅行社全体销售人员接到的订单集中起来，通过一个渠道对外采购；二是把订单尽可能集中地投向一个供应商进行采购，用最大的购买量获得最优惠的价格。

分散采购也是旅行社常用的策略，其重要性不亚于集中采购。在分项产品供不应求的情况下，分散采购更易于获得旅游者所需的服务。当分项产品供过于求时，分散采购可以惠及更多的分项产品供应商，有利于维系旅行社与他们的业务关系。

（三）正确处理增订与退订的关系

旅游属于预约性交易，旅行社计调部门一般在年底或年初根据计划采购量与分项产品供应商洽谈合作事宜，由于旅行社计划采购量和实际采购量之间总有差距，因此，如果实际采购量小于计划采购量，旅行社就要临时退订。可是，卖方对退订是有时间限制的，例如旅行社预订的机票，如果在规定的期限之后退订，航空公司会全额收取票款，旅行社损失巨大。如果实际到客数超过预订数，旅行社又要临时增订，卖方对增订一般也有数额限制，这就要求旅行社在制订计划时要有科学性，在计划变更时要提前调整采购量。

二、计调采购特殊问题处理的原则和方法

旅游计划的变更以及突发事件的发生，都会影响旅游活动的进程，并影响到原定的采购内容，这就需要计调部门对采购工作进行调整。

（一）计调采购特殊问题处理的原则

计划变更后的采购调整工作应遵循以下三条原则。

1. 变更最小原则

将计划变更所涉及的范围控制在最小限度，尽可能对原计划不做大的调整，也尽量不引起其他因素的变动。

2. 宾客至上原则

旅游计划是进行旅游活动的依据，旅行社同旅游者一旦约定旅游计划，一般不随便更改，尤其是在旅游活动过程中。对于不可抗拒因素引起的行程变故，应充分考虑旅游者的意见，并求得他们的谅解。

3. 同级变通原则

变更后的服务内容应与变更前在级别、档次上一致。

（二）计调采购特殊问题处理的办法

（1）如定期航班出现问题，可以考虑绕道或者改用包机，但要注意控制成本；

（2）如果由乘飞机改为乘火车，应尽量利用晚上时间，且距离不宜太长；

（3）若火车现有软席订购有困难，则争取加挂车厢；

（4）若火车加挂车厢已不可能，可以考虑改乘汽车；

（5）住宿、餐饮预订出现困难，应选择就近、同档次的饭店、餐馆。

由于计划变更造成旅游者利益损失的，旅行社应给予合理的经济赔偿或补偿，也可采取加菜、赠送小纪念品的形式弥补因变更给旅游者带来的损失。

拓展练习

1. 旅行社计调服务采购管理应从哪些方面入手？

2. 如何正确处理集中采购与分散采购的关系？

3. 旅游计划变更后，采购调整应遵循什么原则？计划变更后采购可采取哪些处理办法？

项目答疑解惑

为了保证供应，旅行社计调部门应该和旅游服务供应企业建立起广泛的、相对稳定的、多层次多渠道的协作关系，在出现旅游服务供不应求时，协作网越广泛，渠道越多，旅行社取得这些紧缺服务的能力就越强。在出现供过于求的情况时，工作的重点转向取得优惠价格，而为了得到最便宜的价格，也同样需要有一个广泛的、多层次、多渠道的协作网。

项目小结

旅行社计调采购业务是整个旅行社业务运作的中心环节。本项目阐述了计调采购的含义、任务及协作网络的建立，计调采购的内容以及采购流程、采购特殊情况的处理等，要求计调人员高度重视建立广泛的协作网络，与食、住、行、游、娱、购等相关部门保持良好的合作关系，以降低旅行社采购价格，保证采购的质量。

实训练习

一、选择题（可多选）

1. 交通服务费用在旅游服务费用中占很大的比重，特别是在长途旅游产品中有时达到旅游者旅行总支出的（　　）。

A. 10%～20%　　B. 20%～30%　　C. 30%～40%　　D. 40%～50%

2. 定期航班机票采购业务包括（　　）。

A. 机票的预订　　B. 机票的购买与确认

C. 机票的退订与退购、补票　　D. 机票变更

3. 铁路交通服务采购业务包括（　　）。

A. 火车票的预订与购买　　B. 退票

C. 车票改签　　D. 变更线路

4. 为了避免差错，计调人员应在旅游者或旅游团队抵达前的（　　）内再次与汽车公司联系，核实车辆落实情况，并将所用汽车的车型、驾驶员的姓名等情况通报旅行社的接待部门。

A. 1天　　B. 2天　　C. 1～2天　　D. 2～3天

5. 在供不应求的紧张情况下，（　　）可能更易于获得旅游者所需的服务。

A. 分散采购　　B. 集中采购　　C. 直接采购　　D. 委托采购

二、案例分析题

秦先生夫妇报名参加某旅行社组织的“三峡、张家界11日游”活动。按照旅行社安排的计划，秦先生夫妇于行程的第6天早上8时在湖北沙市下船，等候地接社的导游接站并安排张家界段的游览，但他们等了近40分钟也不见有人来接，只得又返回船上继续下行，并及时向地接社反映了这一情况。船快到武汉时，地接社通知秦先生夫妇已派人在宜昌火车站接站。可秦先生夫妇到宜昌火车站左等右等还是不见地接社接待人员，只好再次

与地接社联系，地接社让秦先生夫妇自行乘火车赴张家界，并告知到站后有人接站。临近深夜 11 时，火车抵达张家界车站，秦先生夫妇下车等了 30 分钟仍未见有人来，非常气愤地与组团社联系。经组团社协调，直到深夜 12 时地接社才派人来接秦先生夫妇并乘公共汽车前往酒店住宿。

更出乎意料的是，在张家界的几天游览中地接社不负责安排餐饮，要秦先生夫妇自己支付餐费。第 10 天按计划是“天门山一日游”，可是导游却更改为游览市内的一座寺庙，而且门票还得自费。行程结束回到家后，秦先生夫妇向旅游管理部门投诉，要求某旅行社补偿从下船到宜昌火车站的租车费、张家界段的餐费、“天门山一日游”的费用以及不按合同约定安排行程的违约金。

问题：

结合本项目所学内容，分析上述案例，你认为造成接待秦先生夫妇失误的原因是什么？对秦先生夫妇的投诉，旅行社该如何处理？（《案例研讨表》见附录四）

项目六

外联市场细分及目标市场的选择

问题导入

在学校统一安排下，小明开始了为期三个月的旅行社顶岗实习。踏上实习岗位的小明异常兴奋与激动，因为这意味着自己离梦想又近了一步。在分配岗位时，小明被分到了外联岗位，这是旅行社最为重要的一个岗位，要求准确把握旅游市场趋势，为旅行社宣传、招徕游客，赚取利润。小明对自己能否胜任这项工作缺乏信心。那么，小明该如何着手开展工作呢?

任务导读

1. 学会制订外联销售计划；
2. 掌握外联市场细分方法；
3. 能够正确选择外联目标市场。

学习目标

1. 了解旅行社外联销售计划的制订、市场细分和目标市场选择工作的重要性；
2. 掌握外联市场细分方法；
3. 熟悉旅行社选择外联目标市场的具体操作步骤。

任务一　制订外联销售计划

案例导入

小明一上班，经理就交给他一项重要任务：根据计调部门设计的“雪山红叶游”产品，尽快制订外联销售计划，要争取外联入境的海外游客和市场直销的国内游客总数比去年翻一番，旅游总收入和利润率均有大幅增长。小明有些焦急，不知道自己应该如何做出这样一份销售计划，如何能够实现经理的宏伟目标。

要知道，旅行社外联销售计划不是简单的目标数据，而是科学预测＋强有力的营销策划，是旅行社营销活动的方案和指南，意义非常重大，是开展外联工作的基础。

案例设问：如何制订旅行社外联销售计划？

知识探究

旅行社外联销售计划包括销售目标计划、营销计划、经费预算及使用计划。外联销售计划主要用于指导市场开发、组织客源和产品销售，是旅行社开展外联业务的基础。外联部是销售计划的制订者也是执行者，对旅行社外联销售目标任务的完成负主要责任。

一、制订外联销售计划应考虑的因素

（一）计划的相关性

外联销售计划与旅行社总体发展规划有着密不可分的关系，必须确保旅行社总体发展规划目标任务的完成。此外，外联销售计划还涉及供应商的协作能力，并与旅行社计调接待能力相协调，因此外联部在制订外联销售总体计划时，必须参考相关部门的工作计划。

（二）计划的市场性

市场在资源配置中起着决定性作用。旅行社外联部在制订总体计划时，只有注重市场调查，了解旅游者的新需求，掌握必要的市场信息，采取有效的产品促销策略，才能保证产品在市场上的占有率。

（三）计划的连续性

计划的连续性是指外联销售总体计划既有远期规划，又有近期目标，能体现旅行社发展的连续性和旅游产品开发、市场拓展的不断深入，有利于不断做大市场，取得良好业绩。

（四）计划的时效性

外联销售计划的核心是组团量和利润率，计划目标对旅行社预订分项旅游产品起着决定性作用，而旅游市场价格随预订时间和供求关系的变化而变化，因此计划应力求预测准确，既要保证供应，也要减少临时采购带来的高差价，提升利润空间。

（五）计划的可行性

外联销售计划应该科学地反映企业决策和员工的拼搏精神，统筹考虑企业人、财、物的现状，既不能低估员工的潜力而把指标定得过低，也不能好大喜功而使计划高不可攀、难以完成。

二、外联销售计划的构成

外联销售计划主要包括四大内容：

（1）目标市场定位计划。即在对消费群广泛调研的基础上，把握其需求变化的特征、动向，科学定位并细分市场，便于产品的销售。

（2）产品促销计划。包括产品立意、产品包装、产品组合、产品宣传等内容，这其中既要考虑旅游中间商的利益，又要选择合适的媒介，降低促销成本，增进实效。

（3）销售目标计划。由外联部根据市场现状、风险和机会，结合企业经营实力和自身情况制订，可以从外联组团数量、利润率和利润总额、履行社会责任情况来界定，包括总体目标任务、细分市场目标任务、月度目标任务和岗位目标任务等。

（4）经费使用计划。重点是年度宣传品制作和市场推广费用，包括参加国内外旅游展销会或博览会的费用，各种促销或促销性赞助费用，实地考察费用，邀请中间商、代理人等参加各种活动的费用，以及其他不可预知的费用。

拓展练习

调研本地一至两家旅行社外联部或市场部，按照境外市场和国内市场两个维度，了解其上一年度分季度和月份销售的情况，画出曲线图，请旅行社相关人员解释曲线涨跌的原因，然后再对比旅行社本年度外联销售计划，了解计划变动的内容及理由。

任务二　外联市场细分

案例导入

在旅行社工作了一周的小明，刚对旅行社销售计划有所熟悉，接踵而至的一件事情又让他犯了难——因为下个月就是国庆“黄金周”，外联部经理要求小明去大专院校调研，一周后报告“黄金周”期间大学生出游意愿和消费水平，以此为旅行社计调部门针对性设计旅游产品提供可靠的数据。小明对大专院校虽然不陌生，但从来没做过调研工作，不知道能不能完成任务。

小明所遇到的问题其实就是旅游市场细分和市场调研问题，是旅行社产品设计和销售的前期工作，对于提高外联销售实效作用明显，是外联部人员必须掌握的基本功。

案例设问：外联市场细分有哪些标准？

知识探究

一、外联市场细分的概念

外联市场细分是指旅行社外联人员在对旅游市场进行调研的基础上，根据旅游消费者的需求特点、购买行为、购买习惯的差异性，将整体旅游市场划分为若干个需求与愿望有差异的旅游消费群的过程。划分后的每一个旅游消费群就是一个细分市场。

市场细分是外联部门对客源市场正确定位的一项至关重要的工作。旅游市场整体上是一个大板块，它是由许多独具个性的中小目标市场组成的。由于各国和各地区经济、文化发展水平的不同以及客源群体类型的差异，会产生旅游需求和动机的差异。旅行社为了满足游客的不同需求，必须有针对性地选择目标市场，开发适销对路的旅游产品，而做到这一点的必要前提就是市场细分。

二、外联市场细分的作用

（一）有助于发现最有利的市场机会，拓展新市场，提高市场占有率

通过对外联市场进行细分，可以更充分地了解不同旅游者及旅游者群体的需要，可以对每个细分市场的购买潜力、满足程度、竞争情况等进行分析比较，找出有利于本企业的市场机会，以便及时做出销售决策，掌握市场主动权，提高市场占有率。

（二）有利于满足旅游者的个性需求

旅游者的需求是千差万别的，并且是不断变化的。如果始终将旅游市场作为一个整体看待，那么一定会有很多需求被忽视。在细分后的市场中，信息的了解和反馈会变得更加便捷。一旦消费者的需求发生变化，旅行社可以迅速调整营销策略，制定新的市场对策以满足旅游者的需求。

（三）有利于发挥旅行社资源价值，避免盲目性

通过外联市场细分，选择适合自己的细分市场，可避免销售的盲目性，集合自己的人、财、物等资源，及时、准确地规划和调整旅游产品结构、价格、销售渠道，取得局部市场上的优势，达到降低销售成本、扩大市场份额、提高经济效益的目的。

三、外联市场细分的标准

成功的市场细分应当达到下述特征。

（一）可衡量性

可衡量性是指细分市场特征显著，可以被清楚地识别和衡量。可衡量性包括市场范围清晰、需求特点显著、购买行为特殊等。划分可衡量性的基础是差异性，即尽量使用一些明确的因素和特征作为划分标准。如果不同细分市场的同质性远大于其异质性，旅行社就不必费力对市场进行细分。

（二）可营利性

可营利性即细分后的市场容量或规模足够大，足以使企业获利。如果细分后的市场没有足够的需求、购买能力和购买频率，市场开发的投入与产出就不成比例，这种市场细分

仅在理论上成立，在现实中不具可操作性。

（三）可进入性

可进入性是指细分后的市场应是旅行社外联销售活动可以抵达的，企业的产品能够对旅游者产生影响。其具体包括两个方面：一方面是旅行社提供的旅游产品的信息能够传达给该市场的大多数消费者，并影响其消费行为；另一方面是企业在一定时期内有可能将该细分市场的消费者通过中间商吸引过来购买旅游产品。

（四）稳定性

稳定性是指细分市场的特征在一定时期内能够保持相对不变。如果细分市场变化过快将不利于旅行社实施长远的营销战略。

四、外联市场细分的方法

市场细分是旅行社选择目标市场、制定营销策略的重要前提。而选择正确的市场细分方法是准确细分市场的关键。旅行社市场细分的方法通常有下述三种。

（一）单一变量细分法

单一变量细分法又称一元细分法，即只选择一个影响旅游消费者需求的重要因素进行市场细分。如老年旅游市场、青年旅游市场、亲子旅游市场的划分就属此类。

（二）综合变量细分法

综合变量细分法又称二元或多元细分法、交叉细分法，即选择两个或两个以上影响旅游消费需求的因素，同时从多个角度对旅游市场进行细分的方法。因为旅游消费者对市场上某些产品需求的差别极为复杂，为了能够更全面和准确地将其区分为更加细化的旅游消费群，只有从多方面去分析和认识。如日本的青年旅游市场，就是以地域和年龄两个变量综合细分的。

（三）序列变量细分法

序列变量细分法是指旅行社运用两个或两个以上的影响因素，按其覆盖范围的大小，由粗到细进行市场细分的方法。即按照一定顺序，一次又一次地对市场进行细分，直到基本能区别不同旅游消费群的需求特征为止。这种方法可以使目标市场更加明确而具体，有利于旅行社制定详细的市场营销策略。如海外的华裔青少年回国观光学习的旅游市场，就是按地理位置（国内和国外）、年龄（儿童、青年、中年和老年）、购买动机（观光、学习、休闲度假、健身等）等系列变量来细分的旅游市场。

五、外联市场细分的程序

外联市场细分一般按照如下程序进行：

第一，选择市场范围。即选择与确定营销区域和旅游消费者类型。旅行社在选定旅游产品市场范围时，并非以旅游产品本身特性来确定市场范围，而是以旅游需求为标准，需求市场范围越大，商机就越大，旅行社营销成功的机遇也就越多。

第二，把握需求。在确定市场范围以后，旅行社应该尽可能通过调查收集资料，充分了解和把握确定的市场范围中现存的和潜在的旅游需求，包括旅游者的旅游目的、生活习惯、消费档次、出游时机等，并一一列出、归类，以便决定采取何种细分市场的变量组合。

第三，分析可能存在的细分市场，进行初步细分。主要依据旅游者的地区分布、组成结构、心理需求和购买行为等因素来细分，同时根据旅行社经营的经验做出估计和判断。

第四，整理、筛选相关信息，确定细分市场时应考虑的因素。通过调研活动，剔除各细分市场之间相同或者相似的一些旅游需求，并比较各细分市场，确定各需求因素的重要程度，再结合旅行社实际情况，放弃不适宜开拓的细分市场，筛选出最能发挥旅行社优势的细分市场。

第五，进一步分析和整合市场。外联人员应深入分析各细分市场的需求，了解该市场中消费者的购买动机、购买行为等是否符合旅行社的实际情况，以便对各个细分市场进行必要的合并或进一步细分，从而形成更权威的目标市场报告。

细分市场时还应注意以下几个问题：

（1）市场细分不是越细越好，要考虑到细分后市场的规模、发展潜力和获利能力，使企业有利可图。

（2）正确把握“反细分化”策略。即当发现由于细分过度带来不利影响时，要通过过滤某些细分市场，或把现存的几个旅游细分市场整合在一起，减少细分市场的数目，实现反细分化，扩大旅游产品适销范围，降低营销费用，提升市场竞争力。

六、国内新兴的外联细分市场

随着旅游业的发展，出现了一些新的市场。目前，国内新兴的旅行社外联细分市场主要有以下几种：

（1）政府采购市场。旅行社承办政府人员的出差、政府会议和活动安排。如果旅行社规模大、信誉好、实力强、品牌硬，就有可能抓住机会，占领这个庞大的新兴市场。

（2）国内修学旅游市场。我国的旅行社从拓展海外修学旅游市场中积累了丰富的经验，现在已经慢慢用于开拓国内市场，其潜力很大。

（3）农业旅游市场。农业旅游的内容包括农业观光、农事参与、绿色产品展销、乡间度假等。有的城市居民有在农村生活的经历，有重返故地、感受往日情怀的愿望；也有的城市居民因在城市居住较久而对农村清新的环境产生向往，萌生到农村观光旅游的想法，这使得农业旅游市场日渐火爆。

（4）自驾车旅游市场。随着家用汽车拥有量的增多，以及现代人生活方式的自由性、自主性增强，一些旅游者成立了自驾车旅游者联盟、汽车俱乐部，以车会友，自行驾驶进行中近距离的自主旅游。目前，这种具有休闲旅游和增进交流双重目的的旅游方式受到旅游者的广泛欢迎。

拓展练习

旅游市场细分分析——以自驾车旅游者为例

目前我国已经进入私家车大规模消费阶段，城市私家车保有量持续增长。私家车消费带来了自驾车出游的高涨，一般半径在500千米范围内的旅游，大多数游客愿意选择自驾车前往。不少旅游景区游客结构发生了根本性改变，旅行社团队逐年减少，自驾车客人持续增长，对景区停车管理、客流管理带来严峻挑战。当然，自驾车游客的增加也带来景区客流量的增长，尤其是其消费水平较高，对当地相关产业的带动作用更加明显。

某旅行社市场部看准了自驾车旅游市场巨大的商机，决定积极开拓自驾游市场。但是，在走访自驾游爱好者和各汽车 4S 店成立的自驾游俱乐部后，旅行社感觉经营自驾游风险太大，最终放弃了开拓自驾车旅游市场的想法。

思考：

1. 自驾车旅游市场是新型细分市场，旅行社真的难以介入吗？
2. 你所在地区的旅行社针对自驾车旅游这一细分市场有相应的举措吗？请举例。

任务三　外联目标市场的选择

案例导入

经理对于小明的前期工作基本满意，勉励他尽快学会独立进行客源市场开发。正好这天旅行社召开国庆“黄金周”市场分析会，经理让小明参会并做好记录。会上，经理对当地居民收入水平变化情况、旅游消费习惯及方式等进行了仔细分析，认为今年国庆旅游的热点是出境游，客人以中青年消费者为主，区域主要是周边国家和地区，整体消费水平中等偏下。经理建议计调部推出针对“70 后”“80 后”的海外旅游线路产品，外联部制订了包括微信、电视、报纸广告和社区面对面促销等在内的营销计划。小明终于明白，研究并确定目标市场其实是旅行社工作的前提，也是旅行社营销工作成败的关键所在。

案例设问：确定目标市场应考虑哪些因素？

知识探究

一、目标市场的含义

目标市场是指旅行社在市场细分的基础上，根据自己的优势条件选择的相应的细分市场，以实现旅行社的经营目标。

二、选择目标市场的原则

（一）目标市场要具备一定的规模和发展潜力

市场规模的具体测度指标为人口数量和出游率的乘积。出游率指外出旅游人数占人口总数的比例。如果市场规模过小，旅行社进入后得不偿失，这样的目标市场就没有选择和开发的价值。另外，旅行社外联部门在考虑某一目标市场时除了分析当前市场规模外，还要考虑未来增长趋势、竞争对手强弱以及该市场能否容纳这么多竞争者等因素。

（二）目标市场要可开拓、能获利

目标市场必须是可开拓、能获利的。有的细分市场可能具有理想的规模和发展特征，然而从企业获利的角度来看，却未必适合作为本旅行社外联销售的对象。因此，要警惕市场中可能存在的几种威胁：

（1）所选目标市场存在激烈竞争的威胁。如果某个目标市场中竞争对手如林，或者该市场处于衰退前的稳定期（或者已经进入衰退期），而旅游产品的供应能力还不断扩大，则常常会导致盲目的价格战，旅行社进入该市场将会付出高昂的代价。

（2）新竞争者的威胁。如果企业选定的细分市场具有理想的发展条件，并且进入容易，就会不断引来新的竞争者，这将使企业难以获得满意的预期利益。

（3）替代旅游产品的威胁。如果某细分市场存在替代旅游产品或潜在替代旅游产品，就会抑制现有旅游产品的销售，从而影响利润。

具有上述威胁的市场均不适宜作为目标市场，旅行社在选择时要特别予以注意。

（三）目标市场与旅行社的能力相匹配

选择目标市场时，务必考虑旅行社企业自身的主、客观条件。旅行社只有在业务经营范围和人、财、物、技术等方面的能力与所选定的目标市场相匹配、相一致的情况下进入该市场，才具有竞争优势。

三、选择目标市场的步骤

第一，区分内外。即先将客源市场区分为区域内客源市场和区域外客源市场。

第二，区内排序。综合运用入选条件和测量指标对区域内客源市场进行排序。

第三，区外排序。综合运用入选条件和测量指标对区域外客源市场进行排序。

第四，实证分析。运用旅行社历年来接待目标市场旅游者人次、旅游者的平均停留天数和人均消费额等指标，对区域内外客源市场的可进入顺序再进行一次排序。

第五，差异分析。将上述两次排列顺序作一对比，发现差异，分析原因，确定目标市场。

四、选择目标市场的模式

（一）差异性目标市场模式

1. 单一市场集中化模式

单一市场集中化模式是指旅行社外联部门仅选择单个细分市场推出一种旅游产品集中营销。该模式常被中小旅行社或旅行社成立初期所采用。这种模式有利于清楚了解细分市场需求，树立良好的企业和产品形象，能在短时间内打入市场，但是对该市场的依赖性太强，风险较大。

2. 产品专门化模式

产品专门化模式是指外联部门集中推出一种产品，实行专业化经营，向各细分市场同时销售该产品。该模式可以分散市场风险，有利于企业充分利用资源优势。

3. 市场专门化模式

市场专门化模式是指针对某一细分市场，为满足特定顾客群的需求而提供各种有针对性的旅游服务。该模式有利于旅行社与顾客建立良好的互动关系，树立企业信誉，减少经营风险。

4. 选择性专门化模式

选择性专门化模式是指选择若干细分市场进行营销推广，所选的各细分市场均能盈利，富有经营价值。该模式有利于旅行社分散经营风险，即使某个细分市场失去价值，企业仍然可以在其他细分市场获利。

5. 市场全面覆盖模式

市场全面覆盖模式是指旅行社推出多种产品，全方位进入各个细分市场。这是企业为了在市场上占据领导地位甚至力争垄断全部市场而采取的方法，通常为拥有资金、人才等优势的大企业所采用。

上述模式可用图 6－1 来表示。

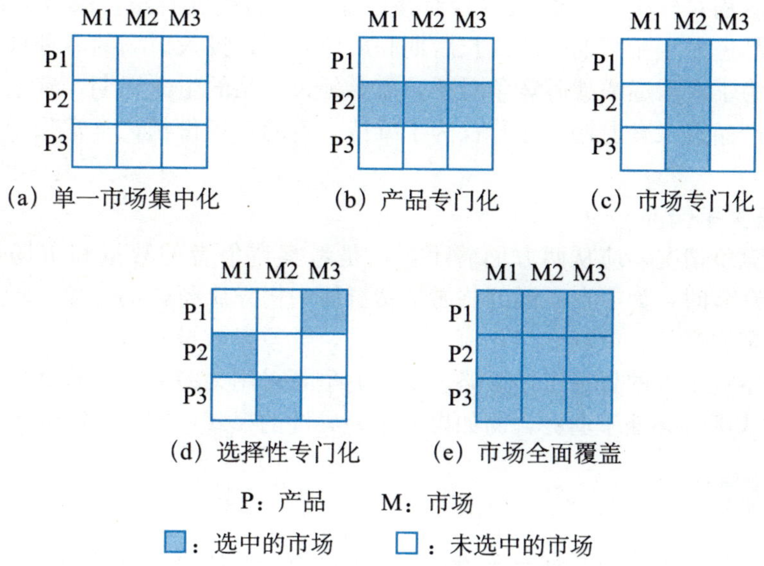

图 6－1　差异性目标市场模式示意图

(二) 无差异性目标市场模式

实行该种模式的旅游企业是把整个旅游市场作为一个大目标，针对旅游者的共同需要，制订统一的外联销售计划，以实现开拓市场、扩大销售的目的。采用这一策略的旅游企业一般实力强大，具有广泛而可靠的销售渠道，形成了统一的宣传内容和方式。在旅游行业中，一些具有垄断性资源的旅行社推出新的旅游产品时，常采用这种模式。这种模式的优点是平均成本低，不需要进行市场细分，可节约大量的调研、开发和广告费用，规模效应显著。但是这种模式不能为旅游消费者提供差异性的、有针对性的产品。

五、影响目标市场选择的因素

(一) 旅行社实力

若旅行社的资源和销售能力十分强大，有能力占领更大的市场，就可以采用市场全面覆盖模式；反之，如果旅行社资源有限，实力不强，无力兼顾整体市场或者更多的细分市场，就应考虑采用单一市场集中化模式或者市场专门化模式。

（二）旅游产品特性

如果旅行社提供的产品与其他旅行社提供的产品具有较多的相似性，则适宜采取无差异性外联销售模式；反之，如果其产品是多样化的，与其他旅行社的产品相比差异性显著，则应该考虑采用市场全面覆盖模式或者专门化的模式。

（三）市场特性

市场特性主要是指市场的同质性，即细分市场之间旅游消费者需求特征的相似程度。若需求比较接近，对产品的兴趣爱好大致相同，则应采取无差异性的模式；反之则应考虑差异性的模式。

（四）旅游产品生命周期

旅游产品所处生命周期不同，旅行社采取的外联销售模式也不同。当旅行社推出新产品时，因竞争者相对较少，旅游消费者对该产品了解的程度有限，故宜采用无差异性模式；当旅游产品进入生命周期中的成长后期和成熟期时，投入市场的品种增加，市场竞争加剧，旅行社为了在角逐中战胜竞争对手，需要延长产品的生命周期，宜采用差异性的模式；而当旅游产品进入衰退期，旅行社为了维持一定的市场份额，常常采用产品、市场专门化的模式。

（五）市场竞争情况

考察市场竞争情况，应从两方面着手：一是考察竞争者的数量和市场竞争的激烈程度。当竞争者众多时，为了在不同的旅游消费群体中树立旅行社的形象，增强旅游产品的竞争力，往往采用产品、市场专门化模式；反之，竞争者数量不多时，可以采用无差异性模式。二是考察竞争者的目标市场策略。如果竞争者采用无差异性的模式，本旅行社若同样采用该种方式则势必处于弱势，而如果采用差异性的模式，则有可能取得胜利。

拓展练习

毛里求斯共和国为非洲东部一岛国，由毛里求斯岛和其他小群岛组成，位于印度洋西南方，与非洲大陆相距 2 200 千米。作为火山岛国，毛里求斯四周被珊瑚礁环绕，岛上地貌千姿百态，沿海是狭窄平原，中部是高原山地，由多座山脉和孤立的山峰组成，景色颇为壮观。

毛里求斯被誉为“天堂的原乡”，成为人们享受生命、解放自己的秘密花园。这个位于非洲的小国正以独特的魅力吸引着世界各国爱好大自然的游客去欣赏那惊心动魄的美。

2014 年成都 A 旅行社推出了“毛里求斯十日游”产品。但行业内许多人都不太看好，因为毛里求斯离成都太远，且没有直达航班，只能通过香港和广州周转，这对于游客来讲太辛苦。但让业界没有想到的是，这样一条看上去冷门且生僻的线路，却在市场上非常受宠。它能取得成功，就在于 A 旅行社选择切入的市场是婚庆市场，外联部门抓住毛里求斯是世界五大婚礼及蜜月胜地之一这一特色，与各大婚庆机构合作，重点向年轻人推介海外蜜月旅行，从而迅速将“毛里求斯十日游”打造成了明星产品，并直接促成了 2015 年 1 月成都直飞毛里求斯包机航线的开通。

思考：

1. 根据上述案例分析细分目标市场的意义。

2. 该旅行社为何会将毛里求斯这样一条冷僻的线路打造成为明星产品？

项目答疑解惑

旅行社外联部必须结合自身业务特长和销售计划，对市场进行细分，从而确定自己的目标市场，以提升旅行社外联业绩和经营效益。

项目小结

当前，旅游市场竞争日益激烈，旅行社应当尽快适应不断变化的新环境，主动研究客源市场特征，合理制订销售计划，合理细分市场并选择好目标市场，提高外联业务的实效。

实训练习

一、选择题（可多选）

1. （　　）是旅行社的销售中心。

A. 计调部　　B. 外联部　　C. 接待部　　D. 人力资源部

2. 旅行社外联市场细分的标准有可衡量性、可营利性、可进入性和（　　）。

A. 操作性　　B. 市场性　　C. 稳定性　　D. 消费性

3. 国内新兴细分市场有政府采购、修学旅游、自驾车旅游及（　　）。

A. 生态旅游市场　　B. 乡村旅游市场　　C. 农业旅游市场　　D. 花卉旅游市场

4. 市场的同质性是指（　　）。

A. 市场特性　　B. 市场特质　　C. 市场特征　　D. 市场特点

5. （　　）与旅行社的能力相匹配。

A. 差异市场　　B. 销售市场　　C. 目标市场　　D. 同质市场

二、案例分析题

案例一

“深圳情旅”是《深圳晚报》和深圳国旅“新景界旅游俱乐部”联合主办的旅游交友活动，“阳朔之约”是该活动的第一站。参加“阳朔之约”的是从200名报名者中选择出的18对男女。他们平均年龄28岁，都为单身，听说深圳国旅和《深圳晚报》联合推出“旅游＋交友”全新模式后，便兴奋地赶来报名参与。“桂林山水甲天下，阳朔山水甲桂林”，团友们在阳朔过上了神仙般的日子，陶醉于旖旎的月亮山、清幽的漓江水、古朴的小渔村、浪漫的洋人酒吧。阳朔秀丽的风景给团友们提供了轻松的氛围，而主办者煞费苦心设计的一连串活动更给他们创造了交往的契机，新颖而有趣的“健身操”“厨艺大赛”“竹筏山歌对唱”“榕树下抛绣球”等游戏让团友们兴致盎然。一趟旅游下来，团友们结成了好朋友，成为情侣的不在少数。由此“深圳情旅”活动成了深圳的热门旅游产品。

问题：

请对上述案例进行分析，说明案例成功的原因。（《案例研讨表》见附录四）

案例二

某旅行社成功策划了一系列适合老年人旅游的“大手笔”活动，如“百位老人潇洒游东南亚”“5 000 位老人相约无锡大合唱”等。在“千位老人游三峡”活动中，旅行社还随团配备了 6 名医生，与 120 急救中心建立了随时紧急救援联系，对有慢性疾病的老人进行特别照顾。旅行社的这些旅游产品在中国旅游界尚属首创，有的行程还被中央电视台拍成了专题片，产生了良好的经济效益和社会效益。

问题：

旅行社如何设计适销对路的旅游产品？（《案例研讨表》见附录四）

项目七

外联业务洽谈

问题导入

小明被外联部经理安排到附近几所高校推销旅游产品。小明特意穿西服、系领带，皮鞋擦得锃亮，夹着携带大量产品资料的公文包，一大早就精神抖擞地来到各学院办公室等候。尽管小明态度谦恭、彬彬有礼，却无一例外地被拒之门外。一天下来，连一家意向性用户也没有谈成，这让小明感觉非常沮丧。

任务导读

近年来，随着移动通信技术和网络技术的发展，手机短信、电子邮件、网络咨询、同业网站、腾讯 QQ、微信等即时通信方式在旅行社得到广泛应用，大型旅行社还建起了自己的网络销售和管理平台，旅行社外联人员与客户沟通、联络的方式和渠道更加丰富而便捷。然而，旅游产品毕竟不是一种有形产品，旅游者购买的是无形的服务和承诺，因此在正式签订旅游合同前，双方的洽谈是必不可少的，无论网上洽谈还是现场面谈，都需要外联人员准备充分，熟悉业务，最终促成旅游交易，实现产品销售的目的。

学习目标

1. 了解旅行社外联业务洽谈应做的准备；
2. 掌握旅行社外联业务洽谈的工作程序；
3. 掌握外联函电处理、外联客户关系管理的方法；
4. 能够正确处理客户的建议和投诉。

任务一　外联业务洽谈准备

案例导入

小张和小王分别在不同的旅行社工作。小张所在的旅行社对职员的仪表有着极高的要求，尤其是对员工会见客户时的仪表要求更为严格，对指甲的长度、鞋子和袜子的颜色、领带的打法甚至佩戴的饰物都有明确而细致的规定；小王所在的旅行社对员工的着装不做规定，员工都是按照自己的喜好来穿。虽然两家旅行社提供的旅游产品差异性不大，但据调查，多数消费者更愿意到小张所在的旅行社咨询和选购旅游产品，原因是觉得受到了尊重。

案例设问：外联人员与客户洽谈前应当如何修饰自己的仪容仪表？

知识探究

客户在购买旅游产品前，往往会向旅行社咨询、了解产品信息，与旅行社外联人员洽谈行程和价格。外联人员注重形象、语言、心理和知识结构的准备，将使自己显得更专业并富有效率，容易获得客户信任，有助于促进产品销售。

一、形象准备

首先，应有适宜的穿着。外联人员穿着制服、西服及其他大方得体的休闲服均可，但衣着上不应过分华丽，以能够体现出专业人员的气质为佳。

其次，应注重个人卫生。在外联洽谈之前，外联人员应提醒自己注意下述事项：

（1）有口臭吗？要保证口气清新再出门。如果是身体原因引起的口臭，应及时治疗，临时可通过嚼口香糖等方式保持口气清新。

（2）有头皮屑吗？洽谈前要注意祛除。

（3）剪指甲了吗？指甲里不要有污垢。

（4）耳朵边、脖子上有污垢吗？照照镜子就很清楚。

（5）身上有异味吗？有异味会令洽谈对象不愉快。要消除异味，只需保持服装的洁净、勤洗澡、勤换衣即可。注意香水不可喷洒过多。

二、语言准备

外联人员应具有较强的语言表达能力，善于交际，语言有感染力和说服力。有效的语言表达应具有下列特征：

（1）恰当的词汇。对旅游产品的说明应当针对客户的理解水平，使用客户能接受的词汇，避免因过多的专业术语让客户失去兴趣。

（2）适中的音量。声音必须大小合适，既让对方听见，又不能让人反感。此外，还要注意避免声音过大带来的负面影响，诸如唾沫四溅等。

（3）变化的语调。声音的抑扬顿挫可以增强语言的生动性、趣味性，还可以强调和凸显重点，带领客户一同领略产品的特色。

（4）表达流畅。流畅的表达能增强客户的信任感，引起他们对产品的兴趣。外联人员要做到表达流畅，就必须对所要介绍的产品非常熟悉，而且充满信心。

三、心理准备

销售人员在与客户洽谈的过程中，难免会遇到一些难以预料的困难。良好的心理素质是解决困难的基础。正确的态度应该是：做最好的准备，做最坏的打算。洽谈前应预演，并从洽谈要求可能遭到拒绝、洽谈可能失败的角度做好心理准备。必要的心理准备再加上娴熟的业务技巧以及充分的经验，能很好地解决客户的疑问，满足客户的要求，也能在洽谈过程中不断进行自我调节，占据主动地位，成功达成交易。

四、知识准备

知识准备包括对旅行社、旅游产品、客户背景资料、销售技巧、竞争对手等的了解和熟悉。

（一）了解旅行社

这是对外联人员最基本的要求。外联人员应当熟悉旅行社的基本情况，能够在与其他旅行社的对比中发现自己企业的特色，便于取信于客户。

（二）了解旅游产品

外联人员要了解旅游产品的特色、出团期限、产品价格、售后服务、与竞争对手的对比情况等信息。只有充分了解旅游产品，才能流畅地介绍、推荐旅游产品。

（三）熟悉客户

针对个体客户，外联人员要尽量了解其学历、经历、籍贯、年龄、收入、兴趣、专长、家庭状况、家族背景等情况，方便根据客户情况调整谈话内容和推销产品。但注意在谈话中不可显露出对客户情况太过熟悉，避免让客户感到不安。

针对公司客户，外联人员应了解：（1）该公司的发展历史；（2）该公司在同业中的地位；（3）该公司主营业务与财务状况；（4）该公司交团与付款能力以及信用情况；（5）该公司负责人、业务人员的个人情况。

（四）掌握销售技巧

销售的成功与否，一方面取决于销售人员能力和水平的发挥，另一方面也取决于销售技巧的运用。掌握营销理论、方法和营销心理学知识，对于提高销售成功率大有裨益。

（五）了解竞争对手

了解竞争对手的目的是顺应客户喜欢对比旅行社和旅行社产品的习惯，在洽谈时客观分析自身产品的优劣势，帮助客户决策。如果竞争对手优势明显，应恳请计调部门予以借鉴，改进产品。

五、相关业务资料准备

相关业务资料主要指旅游产品资料和旅行社介绍资料。前者包括旅游线路和景点图片、PPT、视频、折页和游客评价资料，后者包括旅行社业绩和实力方面的证明资料，以证明旅行社的实力、诚信和品质，如旅行社经营许可证明的复印件、旅行社所获荣誉证书、优秀领队和导游证书等。除此之外，还应准备洽谈工具，如笔记本电脑、空白格式合同、名片等。

拓展练习

如果你是一名外联人员，获悉某企业将给50位优秀员工去泰国旅游的奖励，旅行社要求你做上门促销，你会做哪些准备？

任务二　外联业务洽谈工作程序

案例导入

小张是旅行社外联岗位实习生，这天受公司委派，与经理一起去某药企洽谈一个会展旅游项目。药企主要经营药品和医疗器械进出口贸易，资金雄厚，为回报经销商，拟委托旅行社安排新品订货会＋旅游的商务活动。小张所在旅行社经过激烈角逐，与另两家旅行社一起进入竞争性谈判阶段。为此小张和经理做了充足的准备。

可惜天有不测风云，从旅行社到药企本来仅半小时车程，而且是高速公路，平时畅通无阻，这天小张和经理提前1个小时出发，但汽车驶上高速公路不久就因前方发生严重车祸而遭遇大堵车。当堵车解除后，他们已经错过了谈判时间，等于自动放弃了竞争性谈判。

案例设问：外联人员都知晓洽谈工作的重要性，也会为此精心准备，但百密一疏，因为一场意外的堵车导致错过竞争性谈判时间并自动退出竞争，让人遗憾也催人思考：我们应当如何避免在外联洽谈时因为各种失误而错失良机呢？

知识探究

一、寻找客户

外联人员寻找的客户包括个人客户、集体客户和旅行社同行。旅行社与个体客户、集体客户签订旅游合同，与旅行社同行签订合作协议。旅行社可将客户分为准客户和潜在客户两大类。

（一）寻找准客户

准客户是指近期有购买意向并处在咨询、洽谈阶段的客户，他们会货比三家，充分利用网络或朋友关系主动寻找旅行社，会根据网上攻略提出个人的顾虑和个性化要求。外联人员应当注意，通过网络、电话咨询或主动上门的客户，是最有潜力的准客户，必须认真倾听其要求，为其量身定制产品，争取达成交易，变准客户为现实客户。此外，外联人员还应当善于培养人脉圈（如亲戚、同事、同学、校友、朋友、邻居、社团、商务等关系圈），采取多种方式发现并发掘准客户。

1. 通过做广告宣传或举办旅游产品展示会

做广告宣传或举办旅游产品展示会是汇聚准客户的最好方法，闻讯而来的消费者大多是对旅游产品有兴趣、有购买意向的人，也就是外联人员渴求的准客户。

2. 利用老客户的介绍

老客户是寻找准客户最好的途径。开发新客户就如同垦荒，费时费力，事倍功半；与老客户接触，驾轻就熟，事半功倍。老客户不但会重复购买，而且可能介绍许多新客户购买。老客户的一句话，往往胜过销售人员的十句话。每一位老客户都有其长期建立的关系网。假如他欣赏你、信任你，就会乐意介绍他的关系网成为你的准客户，这对于外联人员乃至旅行社而言将是受用不尽的财富。因此，外联人员要设法使客户满意旅游产品和服务，愿意重复购买，乐意介绍准客户。

3. 上门推销，发现需求

外联人员首先筛选出效益好、收入相对较高的企业、群体和个人，作为上门推销的对象；再通过直接上门拜访的方式，寻找到可能购买的准客户；最后主攻准客户，争取达成交易。由于上门推销的对象基本上都是毫无关系的人，因此取得订单的概率并不大，可是对于新入行的外联人员来说，上门推销仍是寻找准客户的有效方法之一。

（二）寻找潜在客户

所谓潜在客户就是指未来可能购买旅游产品的客户。在旅游市场激烈竞争的环境下，外联销售人员的任务之一就是发现“潜在客户”并将其培育成现实客户。寻找潜在客户的形式和方法可以与寻找准客户一致，甚至可以同时进行。找到后按客户购买意愿的强烈程度对潜在客户划分等级。分级的标准是：客户购买时间越近，级别越高；客户对本旅行社产品和服务的认同度越高，级别越高；达成交易成功的可能性越大，级别越高。

在给潜在客户分级后，外联人员就很容易设计出重点访问对象、访问顺序与路径，使销售工作按部就班、有的放矢。当然，并不是所有潜在客户都适合培育成现实客户，外联人员要综合考虑销售成本、利润率和难易度等因素进行优选。

二、访问客户

访问客户是达成交易的重要环节，访问客户的地点可由客人指定，也可以约请客户到旅行社门店洽谈。这里以外联人员上门访问为例介绍其程序。

（一）事前预约

正式访问之前应当预约，这样做容易见到有决定权的人，也表示出对客户的尊重。要注意选择好访问的时间，原则上以客户空闲时间为佳，但也会因访问对象的不同而不同，如拜访家庭主妇以下午 3 点至 4 点最为恰当，拜访公司主管或经理人员以上午 10 点到 11 点半、下午 2 点半到 5 点较妥当，而拜访商店老板则以下午 2 点到 5 点或晚上 9 点后生意较为清淡时最适合。

（二）登门拜访

初次登门拜访，外联人员衣着要整洁大方，要按约准时前往。双方见面后要主动问好，交换名片并做自我介绍。在得到对方允许后，可送上证明旅行社实力的相关资料（含业务许可证及各种资质的复印件），然后开始业务洽谈。外联人员在整个洽谈过程中都要精神饱满、不卑不亢、充满自信。

（三）业务洽谈

外联人员应先送上证明旅行社业务许可及经营实力的相关资料（含业务许可证复印件，旅行社品质、信誉方面的证书复印件，重大旅游接待活动情况等），然后采用 PPT 或图册方式介绍旅行社线路产品，说明本旅行社产品的优势。在洽谈过程中，外联人员要积极倾听对方的发言，察言观色，注意细节，充分理解对方的要求和意愿，并有针对性地予以答复。

业务洽谈力争达成如下成果之一：一是成功推销旅行社产品，达成交易；二是为对方留下深刻印象，把旅行社作为备选对象；三是客户关注旅行社微信公众号或网站，或留下联系方式，为旅行社培育潜在客户奠定基础。

如果对方有购买意向，外联人员可以向客户报价。报价可以在现场进行，也可以根据客户意见修改行程后通过函件、电话、传真等通信工具传递。报价的内容主要包括门票、餐饮、住宿、交通等基本费用和旅游附加费、综合服务费等。当双方就行程、接待标准和接待价格达成一致时，应签订旅游合同或合作协议，明确各自的权利和义务、付款方式、违约责任及赔偿办法。旅行社应当在客户支付全款后主动出具税务发票。

如果推销不成功，外联人员离开受访者时要做到：（1）向客户道谢，感谢客户专门抽出时间接受访问；（2）制造再次访问的机会，如邀请客户参加旅行社产品推荐活动，或告知受访者将会送来关于旅游产品的进一步资料等，便于培育潜在客户。

三、通知计调部门采购服务产品

外联人员组团成功后，应及时将旅游合同交计调部门做好服务预订工作。对于客户的个别要求一定要做好记录，严格兑现。如果组织的是外方团队，外联人员还应配合组团旅行社申请入境签证。

以上外联业务洽谈的流程可归纳如下（见表 7－1）。

表 7－1　旅行社外联业务洽谈程序表

地接旅行社	客户或组团旅行社
1. 洽谈（推销）旅游产品 （1）将编制好的旅游产品及价格向客户宣传介绍； （2）根据对方提供的线路、日程安排及要求报价； （3）根据客户的意见修改产品并重新报价。 以上过程应将日程安排以及报价中所包含内容及不包含内容告知对方。	1. 洽谈（购买）旅游产品 （1）根据对方的产品及价格介绍提出购买意向； （2）主动了解游览的线路及日程安排，请对方报价； （3）对线路提出修改和补充意见。 以上过程均应将旅游日期、人数、服务等级和游客特殊要求告知对方。
2. 确认出售产品并收取预付款 （1）双方签订合同，规定付款方式和金额； （2）收取预付款，出具正式发票。	2. 确认购买产品并支付预付款 （1）双方签订合同，规定付款方式和金额； （2）支付预付款，索要付款发票。
3. 转发接待部门采购分项产品 将团队合同转计调部编制团队接待计划，采购分项旅游产品。	3. 等待旅行开始

拓展练习

1. 外联人员在上门洽谈时应注意哪些礼仪修养？
2. 外联人员寻找客户的方式有哪些？
3. 外联人员与客户洽谈的技巧有哪些？

任务三　外联函电处理

案例导入

上海某旅行社收到北京甲旅行社询价传真：由我社组织的旅游团一行30人，拟于3月9日乘××航班于当日上午11:05抵达上海，3月14日中午12:20乘××航班离开上海返回北京，往返机票由我社预订。请安排上海—普陀—上海4日游程，按内宾标准团报价，谢谢！

案例设问：上海某旅行社外联人员拿到这份传真之后应当怎么处理？

知识探究

一、外联函电的类型

旅行社外联工作中最常见的沟通方式是函件，包括电话、传真、电子邮件、微信、QQ和旅行社信息管理系统。其中以微信、QQ等社交软件最方便、廉价。但从业务沟通和档案保全的角度讲，电话、传真、电子邮件、旅行社信息管理系统中的网上预订软件仍然是外联函电交流的主流方式。

（一）电话

电话是最有效、最迅速的一种洽谈工具，也是旅行社外联人员与客户联系最常用、最广泛的方式。但是由于电话联系无法留下书面凭证，所谈内容容易发生漏记、错记，引起麻烦，因此电话只能作为一般业务联系和口头洽谈之用，最后达成的协议要用传真、函件或者网上预订软件等方式确认。

（二）传真

传真是一种通过传真机传递文字图像的通信方式。传真能将书面文字按原貌展示给对方，既迅速又方便可靠，目前已成为旅行社外联业务中使用最广泛的通信方式，也是确认旅游交易协议的主要手段。

传真件的格式根据文件内容不同而不同，可以用普通书信格式，也可以用旅行社专用的传真格式（如表7-2所示）。

表 7-2　传真件格式用表

收件旅行社：	发件日期：　　年　月　日
收件人姓名：	共　页　　第　页
发件旅行社、传真号：	发件人姓名：
传真内容： 请确认！ （盖章）	

需要强调的是，特殊情况下（如传真机不能收发），业务人员可用手机下载传真软件，先对签字盖章的传真件进行拍照，然后采用手机图片方式发送给接收人，接收人打印的图片可达到使用传真同样的效果，而且还能很方便地保存为电子文档。

（三）电子邮件

随着信息技术的高速发展，网络通信与旅游业的结合越来越紧密。网络通信具有较电话和传真更强的时效性和更低的价格，因此在旅行社外联函电中的应用也更加普遍。网络通信还有许多独具的优势，比如即时、廉价、无时空限制等。电子邮件是网络通信中最常使用的方式之一，它容量大，全球范围内即发即收，而且便于保存，缺点是签名和印章使用不便。

（四）网上预订软件

网上预订软件包括旅行社之间的合作平台（B2B）和旅行社对客服务平台（B2C），可以直接进行在线洽谈、签订协议和在线支付，是旅行社外联业务发展的重要方向。

二、外联函电的处理

（一）外联函电的处理要求

无论是客户询价还是合作单位来函，外联人员都必须坚持两项处理要求：第一，及时办理。收到函电后，应根据函电中的要求及时处理。第二，明确答复。对于函电要求处理的事项，无论行与不行，一般须在 8 小时内明确答复对方。

（二）外联函电的处理方法

旅行社函电内容有多种，如询价函电、委托代办函电等。外联人员收到客户函电后，应按以下步骤处理。

1. 阅读

阅读函电时须重点了解下列内容：（1）函电由何地发来？客户名称是什么？发函电人是谁？（2）函电是哪天发来的？（3）函电的具体内容是什么？

2. 办理

根据函电内容及时办理，询价函与业务委托函的办理略有差别。

（1）询价函电办理步骤：

第一，排：按函电提出的服务标准、线路、档次及特殊要求排出旅游日程表；

第二，算：计算综合服务费、交通费、附加费等；

第三，报：将以上旅游日程表及每位游客购买该产品的价格报给客户；

第四，填：得到确认后，根据确认的旅游日程表、服务等级以及游客的特殊要求填写接待任务通知书并交给经办部门，以便做接待准备。

（2）业务委托函电办理步骤：

第一，算：根据委托业务项目函电，计算出委托代办费用；

第二，报：将计算出的委托代办费用报给委托方，让其确认；

第三，填：得到确认后，根据函电内容填写任务通知书，一式两份，一份留存备查，一份同原件一起交给经办部门；

第四，复：将经办的情况及时回复委托方。

三、外联函电管理

（一）外联函电的保管

外联部收发的外联函电必须妥善保管。保管方式如下：

（1）按客户名称归档。将函电按客户名称建档存放，档案封面标明客户名称、地址及通信方式。这种方法有利于随时按客户名称查找函电。

（2）按旅游团名称归档。将函电按旅游团队名称归档存放，可以避免单纯按客户名称归档带来的混乱，方便外联人员及时了解团队业务办理进程。

（3）按确认与否归档。将所有函电按“已确认”和“未确认”分别存档，档案封面标明“已确认”或“未确认”。这种做法有利于外联人员把握与客户的联络进程。但对于已确认件，应当及时按旅游团名称归档。

（4）按收发日期归档。在每一份函电的右下角标注收发函件的日期及时间，而且收件与发件用不同颜色的笔迹区分。

（二）外来函电的移交

对于已经完成预订的函件，外联部门应当及时移交给计调部，由计调部进行分项产品采购、制订团队运行计划并交由接待部门完成接待任务。整个团队运作结束后，计调部门会将团队涉及的函件和其他档案装订成册或打包成独立文件夹，作为旅行社业务档案进行保存。

拓展练习

1. 外联函电的类型有哪些？
2. 询价函电的办理方法有哪些？
3. 请登录任意一个在线旅游预订网站，模拟预订全过程，并对预订过程进行评价。

任务四　外联客户关系的管理

案例导入

一天，一位自称是旅行社老客户的某公司马总打来电话，表示两小时后将到旅行社洽谈业务。旅行社外联部李经理刚从其他部门调来不久，对马总不熟悉。但李经理非常从容，只见他打开电脑，在客户档案中输入关键词，马总和该公司与旅行社合作的档案便一览无余，原来马总是本地钢厂的行政总监，近年来曾多次委托旅行社安排公司管理层到海外考察，对行程中吃、住条件要求较高，对价格不敏感。两小时后，当马总来到旅行社时，工作人员立即为他泡上他最喜欢的西湖龙井，跟他较熟识的领队小张也过来陪同马总，两人愉快地讲起一年前去法国考察的趣事。最后在马总离开前，一笔50万元的旅游合同已尘埃落定。

案例设问：旅行社有必要建立客户档案吗？应当如何建立客户档案？

知识探究

一、建立客户档案

（一）旅行社建立客户档案的必要性

客户档案是旅行社经营过程中与旅游者、旅游供应商、旅游分销商和其他相关部门或企业发生业务关系的历史记录。建立客户档案就是本着科学、系统、延续、客观的原则，将与旅行社经营有密切联系的企业或者个人的基本情况以及与旅行社所发生的业务关系情况，采用一定的方法加以记录并整理、利用的过程。

客户档案是旅行社业务档案的重要补充。旅行社业务档案保留每一个团队从询价到游程结束全过程中的往来函电、产品采购和团队接待文件及投诉处理的原始资料，而客户档案是针对重要客户建立的客户资料，旅行社可以从中分析客户特征，选择稳定的合作伙伴，加强精准营销，形成客户网络和供应商协作网络。同时，旅行社也可以从中分析市场发展趋势和旅游者消费兴趣变化趋势，及时、有效地调整经营策略，规避经营风险，降低经营成本。

（二）旅行社客户档案的内容和形式

旅行社客户档案应当包括：（1）个人客户的姓名、年龄、简历情况、婚姻状况、家庭成员等；（2）企业客户的公司全称、开办时间、注册资金、经营方式；（3）与旅行社合作历史、内容、商业信誉；（4）客户分析，包括消费特征、旅游频率、投诉处理等。

旅行社客户档案可以是传统的文字档案，也可以是电子档案，其中电子档案更方便保存和利用。旅行社不得向其他经营者或者个人泄露客户为签订旅游合同而提供的个人信息。

二、客户档案的利用

（一）客户评级

旅行社可以利用客户档案对客户进行内部评级。评级标准包括客户在旅行社的消费量、消费频度、消费等级（经济等、标准等、豪华等）、企业或个人的信誉度、为旅行社创造的利润额、推荐新顾客数量和结果等，核心是对旅行社利润的贡献能力（包括现实和潜在的贡献力）。对于不同等级的客户，旅行社可以给予不同的优惠政策。

（二）客户消费特征分析

可以通过对消费者的定期调研，来获知客户消费兴趣和满意度的变化情况，掌握市场动态，以便对旅行社经营行为进行调整；对流失客户，要分析导致流失的原因，是客户自身的原因（比如组织内部变化、个人身体状况变化等），还是价格问题或服务问题，或是消费潮流的改变、相关群体的影响和其他旅行社的竞争等因素。外联人员了解到变化原因后应提出相应的解决方案，如改进产品、加强营销等。如果双方合作中有矛盾，要及时消除隔阂，巩固合作基础。

（三）对重要客户的培育

重要客户是指知名度高、对旅行社有特殊贡献或者多次购买旅行社产品的客户。这些客户是旅行社珍贵的财富，除了要给予他们价格上的优惠以外，还可以为其提供一些特殊的优待，充分重视他们提出的意见和建议，让他们感到被旅行社重视。

三、客户关系的巩固

良好的客户关系可以使旅行社与客户之间的联系更加紧密，甚至形成战略合作伙伴关系。客户关系的巩固是建立在真诚合作的基础之上的，外联人员应多与重要客户沟通，多听取他们的意见和建议，多邀请他们参加旅行社重大活动，为深度合作奠定基础。具体做法如下。

（一）及时回访客户

旅行结束，不是客户关系的终点，而应当是再次合作的起点。旅行社应当及时回访客户，了解其满意度，虚心接受客户的建议，让客户感受到来自旅行社的诚意和尊重。

（二）与客户保持联系

旅行社要与重要客户多联系、多沟通，平时电话问候、上门拜访、邀请座谈是加深友谊的有效手段。当然，选择适当的时机和保持适当的频率是非常重要的，时机最好在重大节庆日前，频率以1～2个月联系一次为宜。每一次联系都应该有个简单的主题，避免无话找话，让客户心生厌烦。

（三）加强对旅行社新产品推荐

旅行社可通过发送电子邮件、邮寄印刷品等方式，与客户保持一定的联系。一方面，通过向客户提供及时的旅游信息（包括国内外旅游资讯、旅行社经营管理动态、旅行社新开发的旅游产品及报价），来体现旅行社对客户的重视和关注，培养客户的旅游热情和对本旅行社的忠诚度；另一方面，可以了解客户的出行计划或旅游需求信息，通过为客户量身定做旅游产品或引导客户消费等方式，促进旅行社产品销售。

（四）组织联谊会或答谢会

在一定时间内选择一些 VIP 客户组织联谊会或答谢会，既可以联络感情、巩固客户关系，也可以了解客户需求的变化，有针对性地提供适当的旅游产品。在组织联谊会或答谢会前，要对客户进行认真分析，制定活动预案。活动方式要轻松，给人以美好的体验。必要时可以采用冷餐会或鸡尾酒会加文艺节目、参与性趣味活动、抽奖或赠送纪念品的形式举行。

（五）设立年度奖励积分

对在一年内为旅行社提供服务或购买旅行社产品达到一定金额的供应商和旅游者，可以现金奖励，或者提供较大幅度的优惠，以此来强化客户关系。

四、适时评估和调整客户

随着旅行社业务的发展，旅行社与客户的关系也会发生变化和调整，与旅行社协调一致、共同发展的客户会被保留下来，其他的客户可能会被终止客户关系。对客户的评估可以帮助旅行社客观分析客户的变化情况，进而决定客户关系的发展方向。

对客户的评估应建立在旅行社经营业务需要的基础上，主要评价客户对旅行社经营利润的现实和潜在影响程度。评价的结果是调整客户关系的重要依据。那些对旅行社经营业绩构成重要影响的客户无疑是被重点关注的对象。

对客户的评估和调整必须有统一的标准，可将评估内容设计成表格，采取项目评分法进行评估。评估要由专业人士进行，要参考历史资料和客户档案数据，让数据说话，尽量避免主观臆测造成的误差。

五、处理客户投诉

客户在旅游活动中认为自己的合法权益受到损害时，往往会采取行动保护自己的利益，以求获得物质上和精神上的补偿。这种行动通常表现为投诉。客户的投诉是不能忽视的，很多回头客都是在投诉得到满意答复之后成为企业的忠实客户的。

投诉包括显性投诉和隐性投诉，其表现形式不同，处理方法也不同，但是目的都是要公正合理地解决问题，改进自己的服务与管理。

（一）显性投诉的处理办法

客户以书面或者口头的形式向旅行社和有关部门进行投诉就是显性投诉。投诉的原因是多方面的，而导致投诉的心理不外乎有三种：求补偿、求尊重和求发泄。只有了解客户投诉的原因和心理，才能有针对性地进行处理。

旅行社外联部门在处理投诉时应当注意以下几点：（1）要高度重视；（2）要仔细倾听客人的意见，并且保持冷静，做必要的记录；（3）要尊重客户，不要急于和客户争辩谁对谁错，首先应该站在客户的角度安抚他们的情绪，并且及时调查了解情况；（4）要尽快答复，并采取相应的处理措施，如果当场无法答复，则应向客户说明答复的时间，不可拖延；（5）将投诉记录在案，以备必要时核对；（6）积极改进——因为旅游者投诉的往往是旅行社管理相对薄弱的环节，旅行社应对旅游者投诉的问题及延伸出的问题予以重视，积极改进。

对于个别旅游者过度维权和恶意投诉，旅行社外联部门在分清责任的前提下，可配合质检部门依法依规处理。

（二）隐性投诉的处理办法

根据国外有关机构的调查，当客户权益受到损害时，真正选择显性投诉的人并不多，只占不满意客户总数的5%左右，而多达95%的不满意者选择不投诉，但也不再购买该旅行社产品，甚至向其他潜在客户散发不利于旅行社的言论，从而影响其消费行为，这实际上就是一种隐性投诉。相对而言，隐性投诉的破坏力和影响力更大。但目前大多数旅行社只注重避免显性投诉，而对隐性投诉往往关注不够。

通常每次购买旅游产品后，消费者非常满意和极端不满意的情况都是少数，更多的是居于二者之间的情况。非常满意的客户一般会成为旅行社的忠实客户，极端不满意的客户容易产生显性投诉，而处于中间状态的人则会成为游移群体，即使不满意也不会产生显性投诉。对于这部分客户，旅行社应当格外重视，了解他们的意见，努力发现他们不满意的地方并加以改进，争取把他们变成回头客。旅行社可以通过寄送客户意见调查表、定期走访、设立投诉电话和网站互动论坛等方式来了解这部分客户的真实意图，不断挖掘其显性意见，据以改进服务质量。

拓展练习

1. 客户档案的建立应该包含哪些内容？
2. 旅行社外联部门应该如何维护和巩固客户关系？
3. 客户的投诉可以分为哪几类？外联人员应该怎样进行相应的处理？

项目答疑解惑

外联业务洽谈涉及多方面内容，有洽谈准备、洽谈工作程序、外联函电处理、外联客户关系管理等方面。事先的准备工作十分重要。旅行社应注重形象、语言等方面的细节准备，着力通过员工形象树立企业形象。

项目小结

本项目主要介绍旅行社外联业务洽谈，包括洽谈准备、洽谈工作程序、外联函电处理、外联客户关系管理等内容。本项目内容是外联业务人员实际操作中必须掌握的知识和技能。

实训练习

一、选择题（可多选）

1. 对于公司客户，外联人员应当从何入手加深对客户的了解？（　　）

A. 该公司的发展规划与财务状况　　B. 该公司的男女比例

C. 该公司的资本背景与转投资情况　　D. 该公司的营业状况与往来客户情况

E. 该公司的员工素质、员工士气、员工流动率等

2. 外联人员报价的内容有（　　）。

A. 门票费　　B. 餐饮住宿费　　C. 交通费　　D. 咨询费

E. 综合服务费

3. 外联函电的处理方法有（　　）。

A. 查阅　　B. 办理　　C. 回复　　D. 传阅

4. 某种意义上，客户（　　）的破坏力和影响力更大。

A. 恶意投诉　　B. 过度维权　　C. 显性投诉　　D. 隐性投诉

二、案例分析题

某假日旅行社每次送团时均由导游请客人填写意见书，并将所有的意见书上交给主管外联的王总。一次，王总读到一份充满失望和不满的意见书。该意见书是某销售公司的一位赵先生写的。赵先生在参加该社组织的赴大连旅游期间，随团队下榻于某饭店，退房时总台电脑显示赵先生曾经在歌舞厅消费过，但事实上赵先生并未到歌舞厅消费。当时他坚持要求复查，但由于地陪不予协调和其他团友的催促，他的要求没有得到满足，他只好付了这笔冤枉钱。在此后的行程中，赵先生一直心情不佳，所以他在意见书中写道："景点很美，心情不佳，住店被宰，导游不管。"王总读完这份意见书后，立即让下属与该饭店联系，核实当天的情况。结果发现，是当天电脑系统故障造成错误入账。王总马上亲自联系赵先生，和全陪一起当面向赵先生道歉，并且将赵先生付出的"冤枉钱"全额退还。

问题：

分组讨论王总做法是否妥当，还有没有其他更好的办法。（《案例研讨表》见附录四）

项目八

不同销售对象的外联营销策略

问题导入

在旅行社日常外联工作中，面对不同的客户，旅行社销售策略是不一样的。你知道作为一个优秀的外联人员，应当掌握哪些必要的营销策略吗？

任务导读

旅行社外联销售对象包括旅游中间商和最终客户两类，其中最终客户按旅游组织形式可细分为团体旅游者和散客旅游者两种，按旅游产品形态可细分为观光旅游者、商务旅游者、奖励旅游者等不同种类。针对不同的销售对象，外联营销的策略迥然而异。

学习目标

1. 熟练掌握针对不同外联对象进行营销对策设计的技巧；
2. 掌握目标市场营销的基本方法和注意事项；
3. 熟悉不同客户群体旅游消费特点及适宜的外联营销策略。

任务一　外联营销方式的选择

案例导入

有专家指出，过去旅行社之间过分激烈的自相残杀，加上中国旅游业普遍存在散、小且经营单一问题，因此抗风险能力比较差。目前旅行社受到的最大冲击并不来自其他旅行社，而来自中间商，如驴妈妈、携程等。在交通、酒店预订等方面，旅行社走得比较迟，按照过去的做法无法做到批量，利润就无法维持。

虽然现在很多旅行社已经意识到这个问题并有所尝试，但在目前许多游客看价格不看价值的出游观念影响下，再多的业务拓展也无法改变以价格抢客的现状。电子商务和市场竞争带来的商业模式转型，将导致旅行社行业大洗牌，大鱼吃小鱼现象必然愈演愈烈。

案例设问：什么叫旅游中间商？你对上述看法如何评价？

知识探究

旅行社外联营销模式大体上可以分为两种：一种是通过旅游中间商代理销售的模式；另一种是直接面对最终旅游者的直客营销模式。

一、旅游中间商代理销售模式

旅游中间商是介于旅游产品生产者与旅游消费者之间，专门从事旅游产品批发的组织或个人。它可以被形象地理解为旅游产品从生产者到消费者的分销链条上的连接环。旅游中间商代理销售模式延长了销售链，销售成本和产品价格比直客模式高，但对于旅行社直客销售不占优势的市场，寻找旅游中间商代理销售产品仍然是非常重要的选择。

（一）旅游中间商的类型

旅游中间商包括旅游批发商（经营商）、旅游零售商以及一些特殊旅游项目组织者。

1. 旅游批发商

旅游批发商又称旅游经营商，是指专门从事各种旅游产品组合，通过零售商网络向公众推销产品的旅行社。它的主要职能就是先向目的地及中转地的旅行社购买并组合包价旅游产品，然后通过旅游零售商销售出去。如国外旅游批发商经营我国包价旅游产品时，往往由我国组团社通过外联谈判将旅游线路出售给国外旅游批发商，由其印发产品宣传册分发给世界各地的旅游零售商以便招徕旅游者，然后将各地零售商招徕的旅游者汇集起来组成旅游团送到目的地进行旅游活动。

2. 旅游零售商

旅游零售商又称旅行社代理商，是指从事旅游产品零售业务，直接面向广大旅游者销售旅游产品和提供旅游咨询等旅游服务的组织或个人。它是旅游产品销售渠道的主要环节，可以独立经营，也可以是某一批发商的下属机构，受其领导和控制。我国还没有形成专门的旅游批零体系，旅游零售商都是直属或加盟某个旅行社的门店。旅游零售商起到交易中间人的作用，其利润来源于旅游产品供应商按其销售额给予的一定比例的佣金。旅游零售商的主要职能是在其所在地区代理旅游批发商的产品，从事宣传产品、招徕顾客的业务。

3. 特殊旅游项目组织者

特殊旅游项目组织者主要指那些从事奖励旅游、会议旅游业务的旅游公司，自驾车旅游的俱乐部，以及展览会及博览会等的组织者，如从事奖励旅游的意大利 ICIS 公司、从事国际展览会安排的台湾展览旅行社等。这些公司社会资源广，有运作重大活动的经验，如果与旅行社合作，会给旅行社带来较大客源，但其业务量集中，接待规格比普通团队高，线路要求突出“独创性”，对旅行社接待能力也是一种考验。

（二）旅游中间商的选择

我国旅行社行业内还没有明显的旅游中间商类型分界。但外联业务中，各地旅行社之间互相委托招徕游客的现象十分普遍，因此同样面临与旅游中间商合作的问题。当然，在拓展海外客源市场时，我国旅行社会更加频繁地与国外旅游中间商发生业务联系。

大多数海外专营或主营中国旅游业务的旅游中间商，如英国促进旅行社、日中旅行社、日中和平观光公司等，对我国比较了解，与我国旅行社联系也比较紧密，对我国旅游产品的推销也十分尽力。但这些专营中国业务的旅行社大都规模偏小，经济实力不强，销售渠道不畅，抵御风险的能力较差。一些规模较大的海外旅游中间商，虽然也兼营中国旅游业务，但中国业务所占比重并不大，往往只是其经营的多个旅游目的地产品之一。这类旅游中间商经济实力雄厚，商业信誉好，经营规范，销售渠道宽，抵御风险的能力比较强，我们应重点对其进行促销，扩大中国业务在其业务总量中的比重。

对我国旅行社而言，这两类中间商都有可取之处。通常我国旅行社与这两类中间商都发展业务关系，但鉴于专营中国业务的中小旅行社发展潜力不如大旅行社，因此开辟客户的重点应放在大旅行社上，要将做大入境旅游市场作为向其提供中国人出境旅游业务的筹码，通过价格策略（如数量折扣等）、品质保证等措施，提高他们对中国旅游产品的兴趣。

对于国内旅行社之间开展的委托代理业务，旅行社一定要选择质量信誉较好的同行作为代理商，而且只能委托宣传和招徕业务，不得放任中间商独立运作团队。在委托无出境旅游资质的旅行社代理出境旅游招徕业务时，要注意规避“变相转让旅行社经营权”的问题，中间商只能协助销售产品，中间商招徕的客人必须交由委托社统一运作。

二、直客营销模式

直客营销模式是指旅行社计调部门或专线部门设计好产品后，通过旅行社在线网络或实体门店直接将产品销售给最终旅游者的销售模式。直客销售减少了中间环节，不仅可以降低销售成本，而且对市场变化反应灵敏，便于改进和完善产品。

直客营销最大的劣势是布点量大且成本较高，不利于旅行社做大做强，这也是我国旅行社长期小、弱、散、差的根源之一。现在不少旅行社以“免费加盟”方式扩大门店，还雄心勃勃地喊出“旅行社门店进社区”的口号，且不说只卖一家旅行社产品的网点能否长期坚守下去，仅每家旅行社都建个庞大直销网的做法就是一种浪费，小而全的发展模式极大地阻碍了旅行社跨区域发展。

近年来，由于在线旅游营销的普及，超越时空限制的网上营销显现出较好的发展势头，其中既有中间商代理营销，也有旅行社直客销售。部分实力雄厚的在线旅游运营商甚至绕开中间商，开始在海外建立自己的直客销售与服务系统，体现出旅游营销国际化趋势。在线旅游让旅行社传统的门店式直客营销模式面临转型压力，“营销在线化、门店两极化”将成为新趋势。所谓“两极”，一极是旅行社部分门店会改造成直属形象店，精致舒适，主要功能是展示旅行社产品和企业文化，沟通主客关系，并作为游客体验旅行社品牌和服务的窗口；另一极是出现专业直销门店，它们不再专属于某一家旅行社，而是代售各家旅行社产品，最终形成旅行社专做产品研发，专业直销门店专做销售的垂直分工体系。

拓展练习

1. 什么叫旅游中间商？旅游中间商的分类有哪些？
2. 如何看待“旅行社门店进社区”这个口号？

任务二　不同客户群体营销策略

案例导入

某年6月，北国旅行社在当地新闻媒体上打出以“妈妈，我要上北大”为主题的旅游广告，宣传自己的旅游产品，顿时吸引了众多暑期放假的学生及其家长。截止到8月，该旅行社先后组织了24个旅游团共700余人前往北京旅游。在景点安排上，除了常规景点外，北国旅行社紧紧抓住许多家长望子成龙的心理，推出参观北京大学或清华大学、军事博物馆、圆明园遗址和观看天安门广场升旗仪式等活动，深受家长和孩子的喜爱。在参观北京大学、清华大学期间，导游还邀请学校有关人员讲解学校发展史，从而使学生认识到，只要自己好好学习，北大、清华并非高不可攀。通过游览军事博物馆、圆明园遗址等景点和观看升旗仪式，学生们在不知不觉中接受了爱国主义教育，增长了知识，并激发了学习的热情。“妈妈，我要上北大”这一创意，抓住了学生和家长的心理，北国旅行社在火热的暑期有了源源不断的客源，把暑期生意做得红红火火。

案例设问：该旅行社针对青少年群体采取的外联营销策略为什么能成功？旅行社外联营销的最终客户还可以细分为哪些群体？

知识探究

旅行社市场是一个可以不断细分的庞大市场，每一个细分市场就是一个客户群体，需要外联人员研究其消费特征，采取相应的营销策略。

一、不同组织形式客户群体营销策略

按照组织形式的不同可以把客户群体划分为团体旅游者、散客旅游者两种形式。

（一）团体旅游者

1. 团体旅游者的特点

团体旅游者一般按照旅行社固定的路线旅行，出发和返回日期基本统一，旅途中一切活动以团队为中心，游客自由度较低；旅行社以共性化服务为主，以个性化服务为辅。

2. 针对团体旅游者的外联营销策略

旅行社可以从产品、定价、服务和品牌角度完善营销策略，增强营销效果。

（1）产品策略。团队旅游产品一般以中低价位为主，是竞争非常激烈的细分市场。旅行社要保证产品质量在游客能接受的范围内并保持稳定，提倡开发新线路和特色产品。

（2）定价策略。旅行社可以采用多种定价策略来吸引游客，如满意定价、差别定价和招徕定价（特价）等。以招徕定价（特价）为例，旅行社将少数产品价格定得低于市场价，就可能获得更多关注。但不管采用何种定价策略，都不能影响产品质量，不能损坏游客的利益，更不能向导游转嫁风险。当前有的旅行社采用“不合理低价”揽客，再通过“购物”和“自费项目”来获利，造成恶性投诉不断，带给旅行社和旅游业的负面影响相当严重。

（3）服务策略。通过优秀的导游服务和售后服务来吸引游客，增强与客人的情感交流，增加回头客，又称为“服务营销”。

（4）品牌化策略。旅游产品不是物质性产品，消费者在购买旅游产品时是无法对旅游产品进行检验的，但他们可以通过旅行社品牌和口碑来选择，因此，旅行社品牌化无疑是争取客户的强有力手段。

（二）散客旅游者

1. 散客旅游者的特点

（1）游客需求个性化。旅游者之所以选择散客旅游这一形式，就是希望不受团队旅游在线路、日程等方面的限制，能够自主决定行程，按照自己的兴趣和经济能力安排旅游活动，因而带有明显的个性化特征。

（2）零星现付，价格较贵。自助散客旅游的付费方式是零星现付，即购买什么、购买多少，都以零售价格当场购买，因此自助散客旅游比团队游要贵。

（3）批量小，批次多。由于散客旅游多为游客本人单独外出或与家人、朋友结伴而行，因此，与团体旅游相比规模小得多。对于旅行社而言，接待同样数量的旅游者，散客的批次要比团体多得多。

（4）要求多，变化多。散客旅游者中有许多是公务和商务旅游者，他们可能会将旅游过程中的许多交际应酬及商务、公务活动委托旅行社代为安排。另外，由于散客出行前缺乏对行程的周密计划，因而在游览过程中散客旅游者往往会随时要求变更旅游计划。

（5）预订期短，追求方便。同团体旅游相比，散客旅游者的预订期比较短，这是因为散客旅游者要求旅行社提供的往往不是全套旅游服务，而仅仅是其中的几项，有的是在出发之前想到的，有的是在旅游过程中决定的，但又往往要求旅行社在较短时间内为其安排妥当，这就给旅行社的计调采购工作带来较大压力。

2. 针对散客旅游者的外联营销策略

（1）重视对散客旅游市场的调研。通过对散客行为的分析以及对散客旅游市场供求信息的搜集，确定本社产品在市场上的地位，制定出符合客观实际的营销目标和策略。

（2）产品策略。针对散客只购买线路产品中个别项目且任意组合的特征，旅行社可以采取零星委托式、自选式、组合式、定制式等产品模式，由散客按需购买。

（3）价格策略。零星现付的价格普遍较高，旅行社可以在定价时灵活一些，如实行淡、旺季浮动价，热、温、冷点差价等，或者将相同日程、相同游览路线和相同游览项目的散客联合组团，叫“散客拼团”，让散客享受到团队优惠价。

（4）促销策略。旅行社必须重视散客市场宣传促销，将旅游信息传达给尽可能多的潜在游客。旅行社可设立“散客部”或“散客中心”，专职从事散客市场开拓工作；通过在线平台和咨询电话等方式，建立健全散客预订系统，实现即时、权威的散客服务；在交通枢纽（如航空港、码头、车站、市区主要街道路口等处）发布旅行社散客服务信息，为散客提供咨询帮助以及代办服务。

二、不同产品形态客户群体营销策略

按照产品的不同形态划分，最终客户可分为观光旅游者、商务旅游者、奖励旅游者三种。

（一）观光旅游者

观光旅游是一种基础层面的旅游形式，以观光为主要目的，以观光类旅游项目和活动为主要内容，所观赏的对象包括自然风光和人文风光。旅行社促销时如果能给观光旅游者视觉上的震撼，就能激发其出游欲望。具体策略如下：

（1）推拉式策略。这实际上是推式策略和拉式策略的综合。推式策略着眼于积极主动上门推销，把旅行社的产品直接推向目标市场，表现在销售渠道中即每一个环节都对下一个环节主动出击，强化顾客的购买动机，说服顾客迅速采取购买行为。这种策略相对应的营销方式是直接营销，即采取人员推销为主的方式实现营销的目的。拉式策略是立足于直接激发最终购买者对购买本旅行社产品的兴趣和欲望，促使其主动向旅行社寻求指名服务，最终达到把旅游者拉到本旅行社来的目的。这种策略是以广告宣传和营业推广为主，辅之以公关活动等。推拉式策略的具体运作过程如图 8－1 所示。

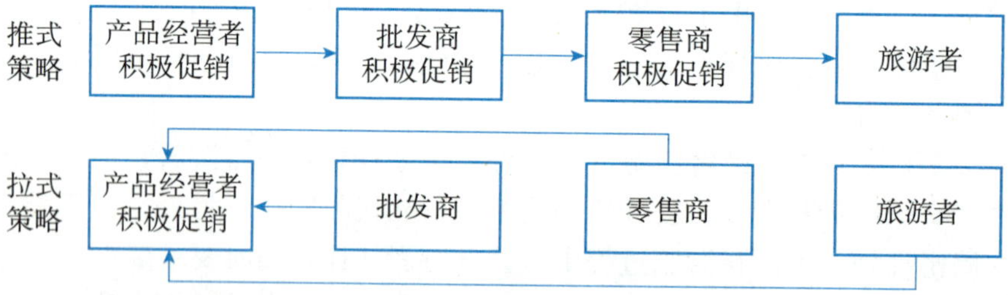

图 8－1　推拉式策略

（2）广告策略。因为旅游产品的不可触摸、不可试用、不可测试和直接观赏的无形性，观光旅游产品利用广告营销也就更为必要。无论是线路推广，还是旅游目的地风貌、服务设施等介绍，只有借助广告这种有形的视听形式才能得以更好表现。

观光旅游广告媒体有报刊广告、广播广告、电视广告、户外广告（户外广告牌、灯箱、条幅等）、微信微博广告、自办宣传品广告（如招贴、地图、手册、音像材料，以及有企业标志的文化衫、帽子、包及各种纪念品等）等形式。一般而言，介绍旅游点风景，宜选择杂志彩页和电视做广告，介绍线路及服务项目，以报纸、电台为好；时效性很强的旅游信息（季节性产品），适合以网络和报纸为广告媒体；常规线路和景点，可选择杂志做广告；如果想集中宣传某一特色产品，可同时进行电视、报纸、电台、网络等形式的广告。另外，不同媒体费用不同，即便是同一媒体，版面大小、位置、时段及制作水准不同，价格也有差异。旅行社应当注重性价比，以最少投入获得最佳的促销效果。

（二）商务旅游者

商务旅游是指以商务为目的，将商务活动与旅行游览相结合的一种旅游活动。商务旅游者与一般观光旅游者相比，不仅旅游动机不同，还具有两个特征：（1）商务客人消费较高。由于各项费用基本上由公司支付，标准较高，所以在住宿、通信、宴请、饮食、交通等方面人均花费大大高于其他旅游者。（2）商务客人对服务要求较高，如要求在短时间内办妥一切手续和交通票据，要求快捷正点地到达目的地，要求提供商贸咨询、业务翻译、同行拜会等个性化服务，这就需要旅行社服务具有针对性。

针对商务旅游者促销的策略是：（1）重视服务质量，作为商务旅游产品的基础和吸引客人、应付竞争的有效手段，以此培养顾客对企业的忠诚，保持和扩大商务旅游市场。（2）用差异化服务创造商机。如主动协助企业制订商务旅行计划，针对客人的需求设计效果最佳、费用最少的旅行路线，当好企业的顾问和参谋。（3）制订常客计划奖励商务旅游者。常客计划被广泛应用于商业（如百货零售业）、餐饮业等行业，它来自航空业推出的“飞行常客计划”（如里程累计卡等），奖励忠实于本航空公司的商务旅游者。旅游饭店业也紧随其后实行了常客计划，例如，世界上著名的饭店管理集团和连锁酒店都向其忠实顾客推出各种贵宾卡、金卡、银卡等服务。旅行社外联部门也应进行这方面的尝试，给予常客合理的优惠折扣，这种折扣既可以每次享受，也可累积下来一并使用。

（三）奖励旅游者

奖励旅游是现代企业管理方式之一，是企事业单位对完成目标任务的员工给予的一种奖励或者一种福利。奖励旅游也被一些企业用作对重要客户进行市场营销的重要手段。由于奖励旅游者获得旅游机会的经历是不同于一般旅游者的，因此他们对产品和服务有不同于一般旅游者的要求。这主要表现在以下几个方面：

（1）奖励旅游产品作为企业的现代化管理手段，具有管理功能。奖励旅游为参与人员提供了情感互动的机会，为员工、管理者和企业客户创造了一个比较特别的接触机会，大家可以在旅游这种比较放松的环境中进行一种朋友式的交流，从而增强管理者的亲和力和企业的凝聚力，有助于加强团队建设、塑造企业文化。通过奖励旅游“一张一弛”的有效调节，可以不断激发企业员工的工作热情，提高企业业绩。

（2）奖励旅游产品要尽可能与企业的经营理念和管理目标相融合。行程安排除了常规旅游项目外，一般还包含企业会议、培训、颁奖典礼、主题晚会或晚宴、舞会及个性化奖品赠送等内容，从而将企业文化建设有机地融于奖励旅游活动中。

（3）奖励旅游产品档次较高、效益较好。一般而言，合资企业、大型国有企业和实力较强的民营企业以及高利润且重视个人业绩的行业如银行、保险业及人力资源密集的制造业较易接受奖励旅游，一些大公司为奖励员工常常不惜成本，规模少则几百人，多则上千人，消费档次也较高，通常是普通旅游团的3～5倍，规模效益十分可观。

针对奖励旅游者开展营销活动要注意，由于奖励旅游产品的购买对象不是参团的旅游者，而是组织奖励旅游的企业，因此营销对象应针对企业相关负责人，可以采用的营销方法是：（1）邀请负责人实地考察。奖励旅游产品可能会涉及几十甚至上百万元的高额支出，购买者往往很慎重，不会仅通过看宣传手册、录像资料和广告就做出购买决定。邀请决策者前往体验旅游产品，同时与主办方就产品策划、奖励旅游主题体现、餐饮住宿档次等进行细致的磋商，能够更有效地推动购买者做出决定。（2）选择行业期刊刊登广告。行业期刊包括奖励旅游业的期刊和主要奖励旅游客户所在行业的主流期刊，容易被企业知晓。（3）销售人员要重视人脉培养。人脉在奖励旅游促销过程中意义重大，对奖励旅游的成功销售起着决定性的作用。

拓展练习

1. 最终客户可以划分为哪几类？
2. 针对奖励旅游者的外联营销策略有哪些？
3. 奖励旅游与团体旅游应该如何有机结合？

项目答疑解惑

作为一名外联人员，我们应该区分中间商和最终客户。旅游中间商分为旅游批发商、旅游零售商、特殊旅游项目组织者。最终客户按组织形式可以划分为团体旅游者、散客旅游者。按产品形态划分为观光旅游者、商务旅游者和奖励旅游者。根据不同的客户有不同的营销策略。

项目小结

本项目针对不同外联对象进行了营销对策设计，重点是对最终客户进行分类，阐述了不同种类客户的消费特点，提出了营销的基本策略和注意事项。本项目内容涉及旅行社外联人员必须掌握的业务知识和技能，是学习的重点。

实训练习

一、选择题（可多选）

1. 旅行社外联销售对象可以划分为（　　）。

A. 中间商　　B. 最终客户　　C. 一般客户　　D. 重要客户

2. 旅游中间商的类型有（　　）。

A. 旅游开发商　　B. 旅游零售商

C. 特殊旅游项目组织者　　D. 旅游投资商

3. 最终客户的外联营销策略包括（　　）方面。

A. 产品策略　　B. 定价策略　　C. 服务策略　　D. 品牌策略

二、案例分析题

某年“五一”黄金周，深圳首次直飞银川的包机满载130多位深圳游客安全起飞。与此同时，负责该项目的某国旅国内部经理也松了一口气。因为在此一周前市场对这场包机旅游似乎还没什么反应，幸好最后一周内形势急转直上，报名人数猛增，否则损失将不堪设想！形势发生变化的原因，除了游客临近截止期才报名外，还有很重要的一点是广告策略的改变。首先，产品名称由原来的“宁夏银川 6 日双飞团”改成了“塞上江南行——宁夏银川 6 日双飞团”，激发了消费者对宁夏银川的向往，从而产生出行欲望；其次，广告设计由原来的无主题变为以“驼铃声声大漠行”为主题，给整条线路一个明确的定位和概括性的说明；再次，对行程价值也做了提炼，具体表现为，由原来罗列旅游项目改为突出“第一次”的旅游体验：第一次乘包机由深圳直飞宁夏，第一次骑骆驼观长河落日，第一次在沙漠绿洲万亩沙湖观鸟，第一次支持治沙——亲手种下一棵树；最后，在广告图形、色彩及广告位的选择上也做出了相应的调整，把该广告从综合广告版中提出来，做成一个独立的专题广告，并加强色彩效果，给人以强烈的视觉冲击力，给人留下十分深刻的整体印象。

问题：

这个案例从营销的角度说明了什么问题？（《案例研讨表》见附录四）

项目九

计调接待业务

问题导入

计调接待业务是旅行社计调部门在外联销售人员与客户签订旅游合同后按照合同要求开展的对客接待业务，如果你是旅行社计调人员，你在开展计调接待业务时会按照什么程序提供服务呢?

任务导读

计调接待业务虽只是旅行社为旅游者提供的服务之一，但却是最重要的服务内容。计调部门在旅游接待服务中起着控制成本和监督服务质量的作用。

学习目标

1. 熟悉地接工作流程，掌握组团接待工作流程；
2. 熟悉散客计调接待业务、大型团队和会展旅游计调接待业务的特点和方法；
3. 掌握自驾车旅游计调接待业务的技巧和风险规避的方法。

任务一　计调接待业务基本流程

案例导入

8月的一天，京东旅行社致电上海某旅行社，告知其原定晚上抵达的四个旅行团上午11时提前到达首都机场，导致地接社措手不及，无人前去接机。京东旅行社的工作人员在电话中质问：为何客人提前到京而不通知京东方面？上海某旅行社的工作人员查看了记录后答复说，已用传真提前通知了。但京东旅行社表示并没有收到变更传真。后经仔细检查发现，上海某旅行社的计调人员在发变更传真时，将京东旅行社的传真号×××20052，误写为×××22052，以致京东旅行社没有收到这份传真，造成严重漏接的事故。

案例设问：计调接待过程中如何避免出现这类错误？出现错误后计调人员应当如何挽救？

知识探究

当旅行社外联销售人员与客户签订旅游合同后，旅行社即可展开计调接待业务的流程。其主要内容包括：落实接待事宜，制订详细的团队接待计划，安排接待人员，监控团队运行过程，协助处理善后，整理团队档案。

一、落实接待事宜

落实接待事宜的重点是预订分项旅游产品，它将直接影响接待工作的成败，所以计调部应委派专人负责，逐项落实，内容包括预订交通票证、预订酒店住房、预订旅游用车、预订景区门票等。如果团队有走访、会见、座谈等活动，都要一一落实。计调部在落实接待事宜时，如果旅游团队出现人数增减，行程或航班车次更改甚至订票取消等情况，应及时进行调整。

二、制订详细的团队接待计划

接待事宜落实后，计调部即可制订详细的团队接待计划，将已确认的接待项目纳入计划中，向旅行社相关接待部门或人员发放，为接待服务奠定基础。制订团队接待计划的程序如下。

（一）确定团名和团号

1. 团名

团名即旅游团的名称，目前我国旅行社一般采用“国家＋地区（省、自治区、直辖市或市）＋组团旅行社（简称）＋线路名称”命名旅游团，用中文表示。国内旅游团队可以省略国家和省市称谓，如“华夏（国旅）九黄三日旅游团”。

2. 团号

团号即旅游团的编号，由字母加数字组成，常见编号方法有：

（1）国内旅游团队团号：由“旅游目的地所在区域及第一个游览城市的拼音首字母（共三位字母）＋总行程天数—交通方式代码＋出团月日＋团队序号”组成。其中：

1）旅游目的地所在区域：中国分为六大区域，即东北（DB）、华北（HB）、华东（HD）、华南（HN）、西北（XB）、西南（XN），加上第一个游览城市拼音首字母，即成为三位数的目的地代码。

2）总行程天数：可直接用数字表示，如05代表5日游，11代表11日游团队。

3）交通方式：由数字加交通方式拼音首字母构成。数字1表示单，2表示双；F表示飞机，W表示卧铺，Z表示座票，T表示汽车。如2F代表双飞，1F1W代表单飞单卧铺。

4）出团月日：直接用数字表示。

5）团队序号：指当日发出的第几个同类团队，用26个英文字母排序。

举例：如果成都某旅行社11月15日发出两个到贵阳的5日游团队，交通方式为飞机往、火车卧铺返回，其中第二个团队的编号应是：XNG05—1F1W1115B（依次代表：西南贵阳区域、5日游、单飞单卧、11月15日出发、第二个同类团队）。

（2）出境旅游团队团号：由“主要游览城市的航空代码（共三位字母）＋总行程天数—交通方式代码＋出团月日＋团队序号”组成。其中当“游览城市”有多个时，可以选择代表性城市的航空代码首字母组成目的地代码（国内外主要市航空代码见附录一）。

举例：如果安徽某旅行社组织的1月18日出发的新、马、泰11日游双飞团队（首团），其编号为：SKB11—2F0118A。

（3）简单团号：由“组团旅行社代码（英语缩写或中文拼音代码）＋出发日期—目的地代码（英语缩写或中文拼音代码）＋行程总天数＋序号”构成。如成都东方旅行社（拼音代码：CDDF）组织到海南（拼音代码：HN）的7日旅游团，2015年5月15日出发，首团，编号是：CDDF20150515—HN07A。

（4）地接旅游团队团号：直接在旅游团队原团号前加入本旅行社拼音代码或英语缩写即可。

（二）编制团队运行计划表（电子行程单）

团队运行计划表包含团队基本情况（含个性要求）和日程安排两部分，有手工填写和上网填报两种方式，上网填报又称电子行程单，由计调部门下单，接待部门打印盖章后使用。电子行程单比手工填写的运行计划表规范，而且可上网查询，便于管理。团队运行计划表的主要内容如下。

1. 团队基本情况和个性要求

（1）旅游团队名称、团号、组团社名称；（2）人数；（3）类别：考察团、观光团、疗养团、会议团等；（4）服务等级：豪华、标准、经济等；（5）住宿要求：双人间、单人间，有陪同的需注明陪同用房（双人间或单人间）；（6）餐饮要求及标准（如有特殊用餐要求或有素食者须特别注明）；（7）对地陪的要求（语种、等级、性别等）；（8）全陪、司机、旅游车信息；（9）特殊要求备注。

2. 日程安排

（1）出发日期或抵离时间、班次和机场（车站、码头）；（2）每日详细行程（含吃、住、行、游、购、娱具体安排，必须标明每一项活动的详细时间）；（3）费用支付情况（包价内容和游客自理费用的项目）。

（三）提供游客名单

游客名单包括游客的姓名、性别、国籍、生日、护照号码和分房要求（双人间、单人间），可供分配房间和购买旅游意外保险之用。若是VIP客人，还需注明客人身份。客人有特殊要求的，也需在名单中标示。示例见表9－1。

表 9-1　旅游团游客名单

姓　名	性　别	国　籍	出生日期	护照（身份证）号码	备　注
双人间 6 间					
张强	男	中国	1980.7.05		
王林	女	中国	1976.5.06		
李为	男	中国	1965.12.31		
孙秋	女	中国	1956.11.06		
……					
单人间 4 间					
赵小文	女	中国	1955.5.07		
周华	女	中国	1982.6.19		
杨胜	男	中国	1964.2.16		
陈实	男	中国	1977.3.19		

三、安排接待人员

计调部应督促接待部安排接站人员和陪同导游。大的旅行社有固定的接站人员负责接送站工作，中小旅行社可由陪同导游接站。

四、监控团队运行过程

在团队运行过程中，计调人员应与导游保持紧密联系，时刻把握团队动向，及时解决团队运行中出现的问题，避免酿成安全事故和旅游投诉。如果不幸发生了计调部无力处置的重大事故，计调人员必须在第一时间向旅行社总经理和相关行政管理部门报告。

五、协助处理善后

团队行程结束后计调部门应及时收集反馈意见，协助质监部门处理游客投诉。

（一）收集并整理游客对团队运行情况和导游服务质量的反馈意见

1. 收集、整理游客意见表

导游人员交回的游客意见表要整齐、完整，要有游客签名并留下联系电话；计调部应检查游客对旅游服务总体评价和分项服务评价结果（含在线评价），总结经验，发现问题，对于普遍反映不佳的分项产品应及时做出调整。

2. 检查导游人员提交的工作总结和陪同日志

导游工作总结应包括团队总体运行情况、接团中发生的重大事故原因及处理结果、游客的意见和建议等内容，可作为旅行社业务档案予以保存；陪同日志可供了解旅游接待情况和相关部门的协作情况，有利于改进旅游产品，提高接待质量。

3. 汇总旅游者的意见和建议

游客的表扬是对接待人员工作的肯定。对于一般性表扬意见，计调部可上报主管领导对相关人员进行口头表扬；如果是重大先进事迹，应进行表彰，为接待人员树立榜样，提高整体服务意识。如旅游团队发生重大旅游投诉，计调部应作为重要的当事人参与处理。

（二）协助质监部门处理游客的投诉

旅游投诉的形式多种多样，有通过信件、传真、邮件、电话等方式向旅行社、旅游行政部门投诉的；有通过微博、博客、微信发泄不满来引起社会广泛关注的；也有直接向各级旅游质监部门书面投诉的。投诉可能发生在旅游期间，也可能发生在游程结束之后。造成投诉的原因有旅行社、旅游分项产品供应商和导游人员工作失误，也有客观条件不足引起的服务缺陷，还可能有游客过度维权或恶意维权。无论何种情况，计调部人员都必须正确对待，及时调查处理，并将引起投诉的原因和处理结果及时反馈给主管领导和投诉客人。

对于旅行社行程安排或导游服务方面的问题，如果确实存在违背旅游合同事项的，旅行社应对游客给予合理的补偿并赔礼道歉；如果是针对旅游分项产品供应商的投诉，计调部应及时转给这些单位调查处理；确实需要赔偿旅游者损失的，旅行社应先行垫付，然后向造成损失的合作单位追偿。对游客投诉量较大的合作单位，可取消合作关系。

不过计调人员也要注意，旅游旺季时有些城市的住宿、机票、车票、船票不易预订，容易造成行程更改或延误；有的宾馆、饭店会超售，导致已确认的团队无法入住；还有的饭店不讲商业信誉，将已确认的客房卖给出价更高的散客。这类情况引起的投诉较多见，计调部应有应对的预案，如提醒外联销售人员在与旅游者签订旅游合同时应留有余地，或者在合同中如实地向客人说明情况，从而在一定程度上避免投诉的发生。

六、整理团队档案

团队接待结束后，计调部应负责对团队资料进行整理并汇总成册，归档保存。

（一）整理团队档案的目的

（1）备案。团队档案中有旅行社与客户之间的往来函件和书面协议，界定了双方责、权、利，是处理纠纷的依据，所以必须备案处理。

（2）积累资料。积累的团队档案是市场信息资料的一部分，有利于旅行社对市场状况做出预测。

（二）整理团队档案的要求

（1）文件齐备，内容规范。该旅游团所有往来函件、旅游合同、团队运行计划表、旅游分项产品采购确认单、团队名单、旅游保险单、游客意见表、陪同日志、团队重大投诉处理情况等资料均应纳入档案中，旅行社财务部门还可以附上核算后的团队财务收支情况表。应当由相关人员签名的文件须签名，应当由相关部门盖章的文件须盖章。

（2）编号清晰，便于查找。可按年份编总目，年份内按出境游、国内省、省内游分为三个子目，子目内再细分为不同的旅游线路，最后按照具体日期和团队编号排序。

（3）纸质档案和电子档案有机整合。可以将纸质文件扫描成电子文本，连同电子函电，打包成一个文件夹，按年度和日期顺序保存；也可将团队纸质文件与电子函电分别保存，即纸质文件仍然保存为纸质，电子函电统一保存在一个电子文件夹中，两种档案共用一个编号，方便调用和查询。

（4）电子档案要有备份。备份应当保存在不同的介质中（如电脑、服务器或移动硬盘），而且每个备份件要同步更新，以防电脑系统或网络系统故障带来的文件损毁。

旅行社团队档案保存期不得少于两年。重要档案尤其是电子文档，旅行社可以根据需要延长其保存期。

拓展练习

1. 计调接待业务是按什么流程开展的？
2. 旅游团队是怎样确定团名和团号的？
3. 编制一份团队运行计划表。

任务二　散客旅游计调接待业务

案例导入

9月，刘某等8名旅游者报名参加了北京某旅行社组织的“海南5日自由行”活动。双方口头约定：旅行社负责往返交通、接送机服务并预订酒店，其余行程由客人自理。9月30日，旅游团乘机飞往海南。北京组团社派导游送机，并告知客人返京航班为10月4日13时，请客人到机场凭身份证打印登机牌即可乘机返回。

但刘某等人误将4日13时记成下午3时，当午餐后赶到机场才发现航班已经飞走。刘某立即与北京组团社交涉。由于北京组团社购买的是不能转签、退换的优惠票，原票全部作废。经过旅行社多方努力，才为客人重新购买了16:05的返程机票，机票款共12 600元由刘某等人暂付。

回到北京后刘某等人与北京组团社交涉，认为旅行社提醒服务不到位，应当分担部分误机损失。组团社却坚持认为延误是刘某等人的疏忽造成的，不应该由旅行社承担责任。双方各执一词，协商不能达成一致。

案例设问：旅行社为散客提供的单项委托业务有哪些？办理本地散客旅游者赴外地旅游时，组团社计调人员应做好哪些工作？怎样避免上述纠纷的产生？

知识探究

散客旅游又称“自助旅游”或“半自助旅游”，它是由游客自行安排旅游行程、零星现付各项费用的旅游形式。许多散客在出游前的旅游咨询和出游中的某些旅游事项仍交给旅行社代办。由于散客旅游是当前旅游业发展的一大趋势，因此，做好散客旅游接待工作，同样是旅行社计调接待工作的重要内容。计调部门通常为散客旅游者提供如下服务内容。

一、旅游咨询业务

旅游咨询服务是指旅行社向散客提供各种与旅游有关的信息和建议的服务，内容涉及旅游交通、饭店住宿、餐饮设施、旅游景点、各种旅游产品价格、旅行社产品种类、旅游安全等。常见的业务方式有：

（1）电话咨询服务。电话咨询服务是指旅行社工作人员通过电话回答客人的各项旅游咨询，并向其推荐本社相关旅游产品的服务。

（2）书面咨询服务。书面咨询服务是指以电子邮件、信函或传真等形式回答旅游者的问题并提供各种建议的服务方式。

（3）网络咨询服务。网络咨询服务是指旅行社工作人员通过公司业务平台、网站或业务专用 QQ 号码回答客人咨询的服务方式。

（4）现场咨询服务。现场咨询服务是指旅行社工作人员为顾客提供的上门服务或在旅行社设立的门市柜台向前来的旅游者提供的当面咨询服务。

旅行社通常将咨询业务作为招徕业务内容之一予以免费，如果散客愿意聘请旅游咨询师全程指导，旅行社会收取一定的服务费用。

二、单项委托业务

单项委托业务是指旅行社为散客提供的各种分项或单项服务，有代订饭店、代租汽车、代订交通票据、代办出入境签证手续、提供导游服务等内容。单项委托业务多由散客自己或通过其他旅行社提出（见表 9－2），外联部接受委托后转给计调部负责预订。如果计调部无法提供旅游者所委托的服务项目，应在对方指定的期限内发出不能接受委托的通知。游客行前要求取消或变更旅游委托的，应至少在出发前一天到旅行社办理相应手续，并承担由此造成的损失。

表 9－2　××旅行社委托代办书

编号：

<table>
<tr><td>姓　名</td><td></td><td>性　别</td><td></td><td>国　籍</td><td></td></tr>
<tr><td colspan="2" rowspan="3">预订：　月　日
成人：
儿童（2～11 岁）：</td><td colspan="2">机/车/船　票　张</td><td>金　额</td><td></td></tr>
<tr><td colspan="2">住房　双间　夜</td><td></td><td></td></tr>
<tr><td colspan="2">接/送　机场/车站/码头</td><td></td><td></td></tr>
<tr><td colspan="2">备　注</td><td colspan="2"></td><td></td><td></td></tr>
<tr><td colspan="6">承办旅行社：　盖章：　经办人：　电话：</td></tr>
</table>

三、选择性旅游业务

选择性旅游是指旅行社为散客提供的非全包价旅游产品，比如在全包价基础上减去午晚餐的“半包价”产品、只提供接送机服务和目的地住宿的“小包价”产品，方便旅游者根据个人喜好自主安排餐饮和旅游项目。由众多选择性旅游者拼凑而成的旅游团称为“散拼团”。

（一）选择性旅游的销售

旅行社销售选择性旅游产品应做好两个方面的工作：

（1）设计好选择性旅游产品。旅行社应针对散客旅游者的特点设计和编制出各种适合散客旅游者需要的选择性旅游产品，包括“半日游”“一日游”“多日游”等，价格为“拼装式”，即每一个分项产品均分别标价，旅游者可选择性采购。旅行社可以将相同路线和日程的散客旅游者拼成团队（散拼团）以降低报价。

（2）建立广泛的销售渠道和网络。针对散客的销售不能采用普通团队的上门推销模式，旅行社应当在散客聚集区域（如在线旅游网站、旅行社实体店、当地机场、车站、饭店及闹市区等）实行重点营销，让散客充分知悉旅行社服务产品，乐于选用。

（二）选择性旅游的接待

由于选择性旅游产品具有品种多、范围广、订购时间短等特点，因此接待工作比团体包价旅游更为复杂和琐碎。旅行社要做到以下两点：

（1）及时采购。旅行社采购工作应及时、迅速，应建立和健全包括饭店、餐馆、景点、文娱场所、交通部门等企业和单位在内的协作网络，确保旅游者预订的服务项目能够顺利采购到位。

（2）确保接待质量。选择性旅游者无论是拼团还是自由行，旅行社都应当精心接待，确保质量。譬如，针对自由行散客，旅行社对所提供的服务要做好衔接、提醒、协调、确认工作，始终与客人保持紧密联系；针对散客拼团，由于团队没有领队或全程陪同，客人所选择的服务内容又不一致，接待工作难度较大，旅行社应当配备经验丰富、独立工作能力较强的导游人员，并在接待过程中妥善照顾客人的不同需求，在不违反对旅游者的承诺和不增加旅行社经济负担的前提下，确保团队运行顺畅并尽可能提高游客的满意度。

拓展练习

1. 散客旅游的含义是什么？
2. 计调部门为散客提供的服务有哪些？

任务三　大型团队和会展旅游计调接待业务

案例导入

某旅行社组织了“蓝天号旅游专列昆明5日游”活动，参团人数逾千人。然而这个团的组织接待却漏洞百出，游客怨声载道。首先，无端耗费时间——由于此团是一个超级旅行团，抵达昆明后，仅来火车站接客的大客车就达20多辆，团队又要求统一行动，因此光编队过程就耗费了一个多小时。而且，大型车队行驶起来很慢，比正常行车多花半个小时，导致游览景点的时间大大缩短。其次，吃饭成了大问题。在“七彩云南”吃自助餐时，因人太多而不得不分两轮吃，用餐的场面混乱，排在前面的客人乱哄哄地抢饭、抢菜，浪费惊人，而排在后面的客人却无碗可拿，无饭可吃。再次，旅行社组织工作漏洞大。团队到达滇池边的某文化城住宿时，居然有二三百人安排不上铺位，第二天又因为旅行社与接待单位闹矛盾，团队被迫搬出文化城，被安置在位于远郊且达不到二星级标准的疗养院。在世博园大宴会厅里集体进餐时，组织方竟要求游客以集体不进餐的方式向接待方施压，游客成了组团社威胁对方的筹码。而且，因为人太多，导游形同虚设，游览中几乎见不到导游的身影。一趟旅游下来，游客们纷纷摇头，表示再也不参加类似的旅游活动了。

案例设问：旅行社接待大型团队的操作要点是什么？

知识探究

一、大型团队旅游计调接待业务

随着我国旅游业的发展，旅行社接待大型旅游团队数量在不断增加。比较常见的大型旅游团有国际会议团、企业奖励团、友好城市访问团、节庆活动团、宗教朝圣团、海洋邮轮团、豪华列车团及体育、探险、狩猎、钓鱼、观鸟等专项团队。其操作难度比常规团队大得多。

（一）大型旅游团的特点

（1）活动项目多，专业性强，服务要求高。大型旅游团常常需要安排一些特殊的节目，享受特别的待遇，例如群众性的欢迎、欢送场面，联欢会或专场文娱表演，大小会议，领导会见和大型宴会等。

（2）由于人数多、时间紧和活动项目多，旅行时常常要安排专机或专列，活动时要安排大型车队接送，租用大型会场和厅堂，入住时甚至必须分住若干个大型饭店。

（3）接待这类大型团队的社会影响大，有时政治性也很强，安全保卫工作任务极重。

（二）接待大型团队时计调人员需要注意的问题

计调部门在安排大型团队活动时，要求作业人员具有较高的业务水平、严谨的工作作风，要做到：

（1）有充分的准备时间。

（2）有周密的组织和有力的临场指挥调度。

（3）根据旅游团的不同特点安排接待工作。

（4）所选派的导游员必须具备较好的专业水平、热情的服务态度、严谨的工作作风、良好的身体素质、敏捷的思维能力以及得体的仪容仪表。

（三）接待大型旅游团的操作要点

基于大型旅游团活动人数众多、活动时间较长、活动范围较大、活动内容较杂的特点，旅行社务必谨慎、细心，对食、住、行、游、购、娱各方面安排要一丝不苟。操作要点如下。

1. 制订书面计划

接待大型旅游团队必须要有完整的接待计划，包含五部分内容：

（1）接待体制图，包括总负责人、分项目责任人姓名及联系方式。

（2）相关接待、服务单位联络人总表。包括事项、要求、时间节点、联系人。

（3）团队分组表。要根据被接待人身份、地位排定座次、车次、桌次及客房，必要时可请团队方面出具相应的排位表。

（4）一般事故与紧急事故预案。

（5）各地风俗、气候等情况的简介。

2. 组织及准备工作

（1）培训接待人员，强调做好接待服务的重要性。

（2）要求导游员根据日程安排准备有针对性的导游词。

（3）制作统一的服装、标牌、胸卡，准备好导游旗、话筒、对讲机（或手机）等途中用品。

（4）配备随团医生，准备好急救药品。

（5）确认游览景点所需时间及车辆安排，成立统一调度指挥小组，确保交通运行畅通。

（6）确定客人就餐时的桌号及桌上放置的标志，重点客人就座处应放有姓名牌。客人由各车导游员按规定入口引进餐厅，以使客人能迅速对号入座而不致堵塞通道。

（7）大型团队在出行、就餐、参观游览时要注意错峰，避免互相之间造成拥堵。

3. 团队接待工作

（1）部门经理以上人员亲临机场（车站、码头）迎接团队。

（2）事先在旅游车前后窗张贴团队标志和车辆编号，将客人按车辆编号分组，各组导游举旗迎候客人并发放相关资料。

（3）按照团队运行计划妥善安排团队活动。

（4）团队接待总指挥与分项目负责人保持通信畅通。

（5）质监和安全部门要防患于未然，及时消除隐患，确保团队运行顺畅。

二、会展旅游计调接待业务

（一）会展业及会展旅游

1. 会展业的定义与业务范畴

会展业是在全球范围内迅速发展的事物。根据全球权威的国际会议组织——国际大会及会议协会（ICCA）关于会展市场的定义，会展业包括会议、奖励旅游、年会和展览等诸项业务。

2. 会展旅游的特点

从会展业的业务范畴可以看出，会展旅游活动与一般旅游活动有明显不同，其特点可以归纳如下：

（1）活动规模比一般旅游团队大。根据 ICCA 的要求，参与者在 50 人以上的才能够列入正式被统计的会展活动。

（2）活动细节比一般旅游团队复杂。正因为会展活动参加人数多且成分复杂，因此会展旅游的组织环节复杂。

（3）参加人员比一般旅游团队层面要高。因为会展活动本身是一项公务活动，每个参会人员都代表了一个特定的组织，因此会展旅游团队成员的社会、经济或政治层面比一般旅游团队成员要高很多。

（4）会展旅游活动需要由专业队伍操作。因为会展旅游活动参加人数多、规模大、组织工作环节复杂、要求高、文化内涵强，所以接待队伍必须具有高度的专业性。

（5）会展旅游活动利润率比一般旅游团队高。

（二）会展服务计调业务

1. 业务范围

会展服务的业务范围包括会议或展览期间的服务、会前会后的旅游项目服务和专业考察服务。

（1）会议或展览期间的服务项目，包括：承办各种类型和规模的国际会议，代订会场、住房、餐饮、酒会、宴会、文娱演出等，提供机场、车站、码头的接送和会议或展览期间的用车，为与会者提供报到、会议或展览及旅游咨询服务，组织与会代表及其家属观光游览，为外国代表确认回程机票，提供同声翻译设备及技术服务，代做会议或展览的胸章、文件包等，编印各类通知、文件、画册、论文集等。

（2）会前会后的旅游项目服务，包括：安排不同路线、不同周期的旅游项目，根据会议或展览的主题或与会者的要求安排参观游览，负责安排游览期间的城市间交通、市内交通、住房、导游、餐饮、文娱晚会及地方风味餐服务。

（3）专业考察服务，主要是承接各类专业团体的考察活动，为国内企业安排与国外同行的交流，为国外专业公司安排来华奖励旅游。

2. 接待方式

各种会议或展览活动的组织方式各不相同，与会代表来自世界各地，接待的方式也灵活多样，常见的有以下四种方式：

（1）全包式。即综合服务式，包括接站、住宿、餐饮、会务、考察、送站等内容，对主办者和接待者都比较方便，对与会者的局限性则比较大，直观价格比较高。

（2）半包式。即只包部分项目或一段行程，比较常见的有：会前或会后旅游，机场、车站、码头的接送，某几个景点的一日游、半日游等。

（3）选配式。旅行社根据会展情况，编排旅游项目，供旅游者选择购买。通常采用门市服务方式，类似于商店售货的现买现卖。旅游者在指定的时间、地点集合，凭所购买的游览券参加游览活动。

（4）开放式。会展的时间、地点确定，而旅行游览的安排事先不确定，待与会代表抵达以后，由主办单位与旅行社接洽商定。这种方式类似委托代办业务。

全包式适用于小型会议；半包式、选配式、开放式一般适用于较大型甚至超大型的会展活动，可为与会者提供更多的方便和更大的选择余地。在我国，半包式和选配式服务目前已经被逐步采用。开放式服务操作难度比较大，但在旅游业和交通业比较发达的国家采用较多。

（三）会展服务计调流程

会展服务的计调工作，可分为会前、会中、会后三个阶段。

1. 会前阶段

旅行社计调在会展开幕前的工作量很大，包括了解会议或展览活动的内容和组织者的要求，报价和定价，会前联络及协调，会场实地考察，准备会展活动所需要的设备用品等。

旅行社在接受会展活动的服务委托以后，计调人员要立即拟定工作细则、步骤，与饭店、会场或展览场地所属单位签订合同，向交通部门沟通信息，预报票务计划；尽快将会议或展览服务的有关价格及旅游线路价格报给海内外的相关代理商，并与他们签订合同；与国内有关业务单位保持联系，互通信息；对有关会议或展览的信息，要及时处理，做好统计工作，各项具体工作要落实到具体的责任人；会议或展览的报名截止时，应将会议的落实情况向代理商通报；要组织安排会议用车，提前派人进驻有关饭店，协调住房，安排用餐，并落实会议场地，保证万无一失；选派经验丰富的人员担任导游；逐个落实与会者会后的交通票据，如果不能按与会者要求订票，应及时通知与会者做出其他选择。

2. 会展期间

会展期间的组织工作紧张繁忙，计调部门要选配有经验的人员组成工作班子，确定一位统筹全局的管理人员全面指挥，具体经办人员各司其职，层层把关，重点是“五关”：

（1）接站关。计调人员要安排接待人员按与会者的抵达时间组织接站，并准备接站牌。与会者来自四面八方，抵达时间不同，事前计调人员要做好联络工作，以便准确及时地接站。

（2）材料关。计调人员要做好材料的复印、校对和同声翻译工作。在与会者抵达住宿的饭店、办理入住登记手续后，应及时送上会议或展览的有关材料。

（3）会场关。计调人员要准备好可以供集中召开大会的主会场，以及可供交流讨论的中小型会议室。主会场的音响、横幅等设施的准备，以及主席台的布置，都要经过严密的筹划。

（4）宴会关。大型的国际会议必然会安排各种类型的宴会、酒会、冷餐会、招待会，计调人员必须予以妥善安排，尤其关注主宾座次及出席人的回请意向等。

（5）要人关。大型国际会议或展览活动往往有政界、财界、学界的重要人物参加，做好这类人物的接待工作至关重要且影响深远，因此要配备专人负责，保证万无一失。这是接待工作成败的关键之一。

3. 会后阶段

会展的扫尾阶段是保证会展活动圆满结束的最后环节。这一阶段的计调服务工作，主要是统计各种数据，清理账务，总结整个接待工作。

承办会展业务是一项复杂的工作，涉及面广，服务内容多，工作琐碎，旅行社计调业务人员要特别注意加强与海关、边检、交通、安全等部门的联系和沟通，争取他们的配合和支持，以保证服务任务的圆满完成。

拓展练习

1. 大型团队计调工作有什么特点？接待大型团队的操作要点是什么？
2. 会展团队有什么特点？会展服务各阶段计调人员的具体工作有哪些？

任务四　自驾车旅游计调接待业务

案例导入

某年8月7日，重庆某旅行社组织了一次赴新疆的自驾车17日游。出团计划书载明，此次自驾游共有4辆车、12人。12名团员均与旅行社签订了《自驾车国内旅游组团服务合同》并交纳了团费。15日，由于驾驶员周某操作不当，致使车辆在道路上侧翻，造成一位游客死亡、游客杨某及驾驶员周某重伤的事故。交警部门认定，驾驶员周某对此次事故负全责。

杨某将旅行社诉至重庆市江北区人民法院，要求旅行社赔偿医疗费、残疾赔偿金、护理费、被抚养人生活费等共计85万余元。旅行社辩称，杨某受伤是由于周某过错造成，应当由周某赔偿，旅行社只支付旅游意外险赔偿的部分。驾驶员周某声称自己也是游客，虽然搭载了杨某，但自己与杨某是朋友关系，搭载本身没有获利，所以伤害应当由旅行社赔偿。三方为此争论不休。

案例设问：自驾车旅游存在的主要风险是什么？旅行社应当如何规避自驾游风险？

知识探究

自驾车旅游是随着汽车消费热潮的出现而产生的一种全新的旅游方式，在给旅游市场带来利好的同时，也给旅行社计调工作带来了挑战。据统计，目前行程在3天以内、单程距离在500千米左右的旅游，有车一族90%会选择自驾游，只有超过500千米的线路参团自驾的人数才会递增。自驾游直接分流了旅行社的客源。其实，自驾游旅游者人数多、频率高，如果旅行社计调人员巧妙地利用自己在酒店、餐饮、景区门票预订、旅游价格和保障服务方面的优势，大力发展自驾车旅游业务，其回报也是非常可观的。

一、组建自驾车旅游经营团队

鉴于自驾车旅游的专业化程度较高，旅行社要经营自驾车旅游产品，必须首先建立强大的经营团队。

（一）成立自驾车旅游专线部门

专线部门集计调与外联业务于一体，主要职责是：调研自驾车旅游市场动向；设计旅游线路；采购分项旅游产品；策划并组织自驾车旅游营销活动；对自驾车旅游进行全程监控和质量评估；处理自驾车旅游相关投诉。

（二）组建自驾车旅游保障团队

包括：建立产品设计、采购人员队伍；建立营销和全程陪同导游队伍；建立包含汽车保险、维修、医疗、通信人员在内的自驾车旅游服务队伍。另外，还要购置必要的导航设备、通信设备、露营设备和维护设备，掌握沿途主要汽车维修企业联系电话，安排好领航车和应急维护车。

（三）建立自驾车旅游俱乐部或会员组织

通过丰富多彩并相对固定的会员活动，介绍旅游产品，培育忠诚顾客；注意每次出游的质量，提高满意度，通过良好的口碑，滚雪球式地发展新会员，形成一定规模的顾客（会员）团队。旅行社还可通过媒体和汽车4S店，采用平面广告、事件促销、网络营销等方式吸引自驾车游客的眼球，达到组织客源的目的。

二、合理开发自驾车旅游产品

自驾车旅游专线的计调人员应熟悉自驾车旅游者心理，把握自驾车旅游者出行特征，主动开发出具有较强市场竞争力的自驾车旅游产品。

（一）线路设计必须坚持“过程至上，感受第一”的原则

自驾车旅游者比传统包价旅游者更注重驾车旅游过程中的感受，对沿途风光、民居、特产感兴趣，因此旅行社在开发自驾车旅游线路时，主、次景点必不可少，但也应该大量融入休闲、度假、体验和美食项目，适当穿插乡村走访的内容，让游客感觉行程丰富多彩，一路都有兴奋点，体现出重视过程、重视感受的设计理念。旅游本身就是一种美丽的邂逅，邂逅一处美景，邂逅一种心情，邂逅一道美食，邂逅一种文化，或者邂逅素不相识的人并成为朋友，都能给人新奇的感受，满足“自驾车旅游美在途中”的心理预期。

（二）线路设计必须兼顾亲情和友情的统一协调

多数自驾车旅游者喜欢结伴出游，单车人数一般是2～5人，以3～5辆车居多，主要是家庭或朋友同行，因此旅行社在设计线路产品时，应兼顾客人喜欢和家人、朋友出游的特点，无论是观赏内容的确定还是安排住宿和用餐等，都应既考虑家庭特点，也兼顾朋友关系，让参团的每一个家庭、每一个朋友圈子都能获得满意的体验。

（三）线路设计必须体现价廉物美、物超所值的原则

自驾车旅游者由于出游次数多，花销较大，所以对景点价格仍然敏感，除知名景点外，他们喜欢选择价格低廉甚至无需门票的生僻景点，而这些景点往往是普通旅游团队不去的。因此，自驾车旅游在使冷点变温、温点变热、热点变烫，使旅游热从一点变成一片、从一片到全面开花方面，具有难以比拟的作用。计调人员在设计自驾车旅游产品时，既要突出一至两个主景点，同时应主动发掘线路中费用低廉、观赏效果好的生僻景点，适当增加观光以外的内容，在让客人感觉惊喜的同时，也降低了直观报价，满足了自驾车游客追求价廉物美、物超所值的心态。

（四）线路设计可以采用“时间换空间”的技巧

如时间许可，旅行社可以略微绕道或加长线路，使客人少花钱或不花钱也能感受到同样精彩的景观效果，或者看到常规团队见不到的特色景观，客人的感受会更好，满意度会更高，旅行社报价也较低。

（五）线路设计必须突出参与性的原则

自驾车旅游者对各地名、特、优、新产品具有浓厚兴趣，如农家土鸡、农家老腊肉、新鲜瓜果和乡村野菜等。旅行社除在餐饮方面满足客人的这种好奇心外，还可适当安排走访农家（包括果园、大棚）或农贸市场，让客人能够亲手采摘或选购到特色产品，提高满

意度。

三、自驾车旅游计调接待业务的核心

与普通旅游团队相比，自驾车旅游团队的风险更大，旅行社在方便客人的同时，也就将风险留给了自己，所以旅行社组织的自驾游团队往往投诉较多，投诉处理起来也比较困难，致使部分旅行社心生畏惧，不敢涉足自驾车旅游市场。可以说，自驾车旅游计调接待业务的核心，是在保证接待质量的前提下合理地规避旅游风险。

（一）自驾车旅游存在的主要风险

自驾车旅游团队的风险主要体现在“自驾”二字上。客人自带车辆、自行驾驶，由于车况和驾驶技术的差异、自驾途中对路况的不熟悉以及其他难以预料的交通隐患，因此随时都可能发生事故，并导致如下两种结果：

（1）自驾车事故导致行程改变。这是比较常见的旅游事故，一般是旅游途中自驾车发生故障或者发生轻微交通事故，导致行程耽误甚至改变，团队不能按计划旅行。

（2）自驾车发生重大安全事故。这是比较严重的旅游安全事故，表现为旅游途中发生车辆碰撞或翻覆、公路坍塌导致人员严重伤亡的事故等。对于旅行社而言，其危害不再是行程变更那么简单了，而是直接涉及高额的人身和财产赔偿问题。如果自驾车上搭乘的乘客发生伤亡事故，那更涉及复杂的法律关系，处理的难度更大。

（二）合理规避自驾车旅游风险

计调部在开展自驾车旅游业务时，应该注意规避旅游风险，最大限度地保护自身的合法权益。

1. 计调人员设计自驾游线路时应有安全意识

旅行社组织的自驾游团队具有车型复杂、车况复杂和驾驶员技术参差不齐三大缺陷，客人基本上会开车而不会修车。因此，计调人员设计自驾车旅游线路时，应将安全因素放在第一位，如排除路况较差的路线、大型货车过度拥挤的路线和弯道过多的路线，优先选择安全畅通的旅游线路，并提供汽车维修服务。

2. 计调人员应留意出游前的线路安全状态

行前，计调人员应关注旅游线路的安全状态，及时回避近期发生垮塌或有交通安全隐患的路线。如果实在无法避开，应注意提醒客人安全驾驶。计调人员还应要求参团的游客提前做好汽车安全检查和维护保养工作，及时更换易损件，以减少事故发生的概率。

3. 团队运行中应负起安全管理责任

正式出发前，自驾车专线部门或计调部门派遣的业务人员应熟悉每一位驾驶人员的驾驶资质、驾龄和驾驶水平，做到心中有数，并要重点关照驾驶技术差和喜欢开快车的两类司机。车队行进中应安排先导车和应急车，先导车可控制全团行进速度，及时提醒前方路况，通报安全隐患；应急车应注意保持团队队形，防止其他车辆混入团队中，同时提供简单的汽车维修服务。旅行社还应为每辆车配备车载电台或对讲机，这不仅可以增添旅游行程中的乐趣，也方便旅途中联系和安全提醒。随队导游在途中引导客人临时停车时，必须寻找到安全地带，并打开应急灯，设置危险标志，避免在公路旁随意停车而引发交通事故；每天行程结束后，提醒游客对故障车及时修理，避免小毛病变成大问题。另外，旅游行程安排不能过紧，应给客人留足沿途观赏的时间，同时也避免因赶路引发交通事故。

（三）其他规避自驾车旅游风险的方法

1. 通过旅游合同规避风险

计调部可以设计两类旅游合同供外联销售人员使用。

第一类是“代订合同”。旅行社承诺为自驾车旅游者提供代订房、代订餐、代订门票业务和导游讲解服务，或者在合同中写明：旅行社只提供下列哪些服务项目，“驾驶服务及其安全责任请客人自理”，这样行程中发生的一切交通安全问题均与旅行社无关。

第二类是“参团合同”。内容规范，除普通旅游合同中既有的条款外，还应明确驾驶人员与旅行社各自的权利、义务和法律责任，双方应商定：

（1）驾驶人申明：“本人具有相应的驾驶资质，所驾车辆符合安全规范，购买了汽车强制保险，行前对车辆进行了必要的安全检查，如有不实，愿承担全部责任。”

（2）由于驾驶人驾驶车辆和人员引起的延误和损失，以及发生的交通事故，驾驶人承担相应法律责任，并负担相应的救援等费用，旅行社只承担协助处理的义务。

（3）如果自驾车上有其他乘员，其安全责任由驾驶员负责（当然，旅行社也不要为增加收入而强行安排与驾驶人没有亲缘和朋友关系的客人搭车参团，因为驾驶人没有义务为这类人员承担责任）。

需要说明的是，尽管签订的合同中有上述条款，一旦发生重大安全事故，游客往往还会以旅行社管理不力提出索赔，事实上旅行社也不可能回避管理的责任。因此，旅行社还要做好团队运行中的安全管理工作，这样不仅可消除安全隐患，也会在事故处理中减轻自己的责任。

2. 通过商业保险转移风险

旅行社可以购买专为自驾车旅游设置的商业保险，或者通过旅行社责任险、旅游意外险来转移部分风险。如有的旅行社计调部门在《自驾车国内旅游组团服务合同》中增加如下备注：“旅游者可以书面委托旅行社办理自驾游人身意外伤害保险”，“当特定事由发生而旅行社负有赔付责任时，此保险金作为旅行社支付给旅游者的赔付；当旅行社不负有赔付责任时，旅行社自愿将此保险金作为慰问金支付给旅游者”，这样就可通过旅游意外险来分担自驾游的风险。

总之，自驾车旅游作为新兴的旅游方式，市场广阔，只要旅行社计调部门认真面对，合理开发，合理地规避其风险，就能分享自驾车旅游这块诱人的蛋糕。

拓展练习

1. 旅行社组建自驾车旅游经营团队包括哪些？
2. 开发自驾车游产品的策略有哪些？
3. 在合理规避旅游风险的前提下，自驾车旅游计调接待应怎样开展？

项目答疑解惑

旅行社计调人员在开展计调接待业务时要按照落实接待事宜、制订详细的团队接待计划、安排接待人员、监控团队运行过程、协助处理善后、整理团队档案的程序为客人提供服务。

项目小结

本项目讲述了计调旅游接待的流程和散客旅游计调接待业务、大型团队计调接待业务、会展旅游计调接待业务、自驾车旅游计调接待业务的内容与特点，并对旅游团队团名和团号的确定方法做了简单介绍，这些是旅行社计调人员必须熟练掌握的核心知识，对于今后从事计调接待工作具有重要的指导意义。

实训练习

一、选择题（可多选）

1. 团名即旅游团的名称，一般采用（　　）来命名。

A. 国家　　B. 地区（省、自治区、直辖市或市）

C. 组团旅行社（简称）　　D. 线路名称

2. 团号即旅游团的编号，由字母加数字组成，国内旅游团队团号由（　　）组成。

A. 旅游目的地所在区域及第一个游览城市的拼音首字母（共三位字母）＋总行程天数—交通方式代码＋出团月日＋团队序号

B. 组团旅行社代码（英语缩写或中文拼音代码）＋总行程天数—交通方式代码＋出团月日＋团队序号

C. 组团旅行社代码（英语缩写或中文拼音代码）＋出发日期—目的地代码（英语缩写或中文拼音代码）＋行程总天数＋序号

D. 直接在旅游团队原团号前加入本旅行社拼音代码或英语缩写

3. 团队运行计划表由（　　）三个部分组成。

A. 团队基本情况（含个性要求）　　B. 日程安排

C. 全陪信息　　D. 成员名单

4. 团队接待结束后，计调部应负责将该团队信息整理归档，档案保存期不得少于（　　）。

A. 一年　　B. 两年　　C. 三年　　D. 四年

5. 旅游咨询服务主要分为（　　）。

A. 电话咨询服务　　B. 信函咨询服务

C. 网络咨询服务　　D. 当面咨询服务

6. 旅行社要成功开展选择性旅游业务，关键在于做好（　　）和接待两个环节。

A. 销售　　B. 计调　　C. 外联　　D. 讲解

7. 各种会议或展览活动的组织方式各不相同，与会代表来自世界各地，接待的方式也灵活多样，常见的有（　　）。

A. 全包式　　B. 半包式　　C. 选配式　　D. 开放式

8. 通过旅游合同规避自驾车旅游风险的方法有（　　）。

A. 代订合同　　　B. 旅游合同　　　C. 参团合同　　　D. 补充合同

9. 计调人员设计自驾车旅游线路时，应将（　　）因素放在第一位。

A. 安全　　　B. 经济　　　C. 舒适　　　D. 方便

二、案例分析题

西安某旅行社销售中心接到一批客人的委托，为他们定制“西安—昆明—西双版纳四飞七日游”，客人唯一的要求是最后一天安排在昆明自由活动。双方签订合同后，销售中心将订单交给计调部确认。计调部没有采购到第六天的机票，只好建议客人在第七天上午乘早班机从西双版纳飞昆明，上午9点抵达昆明，晚上8点飞西安，这样客人在昆明市区停留的时间超过8个小时。客人接受了旅行社的安排。

这个团按计划飞到了云南，走完了游览行程，客人也是满意的，到了最后一天，西双版纳机场出现雷雨天气，飞机无法正点起飞。全团被迫滞留到下午4点才飞到昆明，由于临近晚上8点的航班，团队只好在机场等候，自由活动行程被取消了，客人意见很大——因为团队中不少人是解放军驻昆明部队的退伍军人，原本想利用自由活动时间会会几十年未见面的老战友，结果由于航班延误使计划落了空。

返回西安后，旅游团认为旅行社没有按承诺安排一天的自由活动，明显违反了合同约定，使计划中的会友活动无法实现，旅游意义大打折扣，要求旅行社给予赔偿。旅行社以航班延误是不可抗力影响所致，自己没有责任，且旅行社按约定提供了相关服务，自由活动并不涉及经济损失，因此拒绝给予赔偿，双方因此闹得极不愉快。

问题：

1. 此案例中计调人员安排并确认行程工作中有没有不妥之处？对行程被取消有没有直接影响？

2. 航班延误确实是不可抗力，但客人自由活动被取消也是事实，如果旅行社不承担赔偿责任，但愿意采用补偿方式来平息客人的怨气，你认为如何补偿为宜？（《案例研讨表》见附件四）

项目十

组团社与地接社之间计调业务的合作

问题导入

合肥人张女士计划到九寨沟旅游。她先查询在线旅游营运商，发现评价不太高，心里没底，便找到某旅行社的市区实体店，希望参团旅行。旅行社销售人员告诉她，参团后旅行社会将客人送往成都，再由成都的旅行社负责接待。销售人员将成都地接社的名称打印在合同中，要求张女士签字认可。张女士心中犯起嘀咕，自己对成都地接社一无所知，组团的某旅行社如何保证接待质量呢？

任务导读

长期以来由于体制等方面的原因，我国旅行社跨区域经营受到一定的限制，旅行社经营异地旅游业务都必须通过异地旅行社完成，这就形成组团社和各地接待社合作的关系。组团社为了兑现与游客签订的旅游合同，必须寻找可靠的地接社；而地接社在经营委托接待业务的过程中，也会选择信用度较高的组团社。双方合作关系的建立和发展，受诸多因素的影响；合作过程中也会涉及相当多的旅行社业务内容。因此，协调好组团社与地接社的合作关系是计调人员的一项重要工作。

学习目标

1. 熟悉地接社报价、确认旅游接待计划的工作程序；
2. 了解地接社防范财务风险的方法；
3. 掌握组团社与地接社合作及质量监控的方法。

任务一　地接社与组团社的业务合作

案例导入

某旅行社入境部欧洲业务处的小张，做计价业务已经快一年了，上司对他很满意，小型团队和零散客户的计价工作均让他独立操作，但每次核价后，上司都要仔细审核，确认无误后才能发给客户。适逢暑假旅游旺季到来，所有的业务人员都忙得不亦乐乎，刚刚开始独立操作的小张也不例外。为了能多出活，小张顾不得上司教过的流程了，怎么快就怎么来，效率倒是很高，一大摞询价函都如期回复，大家总算能缓口气了。

在小张报价后有几家组团社很快就回复并确认，而且还增订了好几个团队。小张很高兴，可是当上司看过小张的报价后，满是喜悦的脸上突然阴云密布。上司指出小张的报价有漏项，少算了风味餐、索道费和古城建设费，所以直观价格才显得那么诱人，少算的这几项金额加起来足以造成团队亏损，这是小张始料未及的。好在对方都是老客户，经过解释，对方接受了旅行社更正后的价格，没有造成不良后果。但根据旅行社的规定，小张受到了通报批评。

案例设问：向合作旅行社报价是计调业务内容之一，正确报价的基础是正确计价，计调人员应该从上述案例中吸取哪些教训？

知识探究

地接社全称地方接待旅行社，是接受组团旅行社委托，直接为旅游者安排在本地活动行程并提供接待服务的旅行社。地接社是相对于组团社而言的，同样一家旅行社，当它从事组团业务时被称为组团社，从事其他组团社委托接待业务时则被称为地接社。地接社与组团社合作的内容及方式如下。

一、报价

地接社与组团社合作的第一步，就是按照组团社要求提供产品报价。地接社计调部门在报价时，应注意核实相关分项产品的最新变动价格，正确预测团队到来时旅游产品可能存在的涨价空间（如黄金周的价格就比平时上涨50%～80%），然后向组团社报价。

（一）报价方式

旅行社通常采用下列两种方式报价。（1）总报价。即将分项旅游产品价格总计后加上旅行社综合利润而形成的线路总价。（2）分项报价。它详细列出分项产品费用，透明度高，便于组团社和旅游者了解费用的组成以维护其利益。以上两种报价均包括住宿费用（含订房手续费），餐费（早、中、晚三餐收费标准以及风味餐费），飞机、火车、轮船、内河航运和汽车客票价格（含订票费用），门票费，其他费用（如导游服务费、旅游意外保险费等）及合理利润。

（二）报价时应注意的问题

（1）地接社进行线路报价时对旅行社利润应进行合理的计算。一般是在分项产品集合价格（成本价）的基础上贴加10%～30%，可以根据市场竞争状况上下浮动。对海外团队也可采用综合服务费总价包干的方式报价，以避免烦琐的核算。

（2）地接社报价应及时准确。不宜反复修正报价，尤其是对海外团队，一旦确定价格，原则上组团社都不会同意临时修改，如果出现报价与实际接待价的倒挂，地接社就只能自担损失。

（3）地接社报价应具有一定的灵活性，如针对接待难易程度和季节差异给予不同的价格。尤其是旅游旺季或黄金周期间，旅游接待费用会大幅上涨，地接社报价时一定要将这部分费用预算在内。

（4）部分景区点、购物店和自费项目经营者与旅行社有协作关系，会按到达人数、消费金额等给予地接社司机和导游人员一定的签单奖励，这可以在某种程度上降低团队成本，因此，地接社在报价时就可以考虑给予长期合作的组团社一些让利，使组团社可以借机降低参团价格，吸引更多的客源。

（5）外联部应预留部分价格空间作为讨价还价的余地，即报价原则上比实际销售价格略高。

二、确认旅游接待计划

旅游接待计划是地接社和组团社合作的基础及处理旅游纠纷的法律依据。从理论上讲，地接社和组团社利益攸关，只有共同完成旅游接待任务，才能获得相应的经济回报，双方“一损俱损，一荣俱荣”。但在实际合作过程中，地接社和组团社之间出现纠纷扯皮的现象并不少见。对此，旅游接待计划可以起到规范双方权利和义务的作用。

当组团社与地接社之间就旅游行程和报价达成一致后，双方即进入旅游接待计划确认阶段。组团社会把与游客签订并经地接社认可的团队接待计划（见表10－1）传真给地接社，并在计划中附上一份回执（见表10－2和表10－3），要求地接社在收到计划后，将团队计划落实情况确认再盖章回传给组团社。

表10－1　旅游团队接待计划确认书

旅游团队接待计划确认书
（______）联字第______号 ______社： 由我公司组织的______团一行______人，将于______月______日至______月______日访问（所访问城市按先后顺序排列）______，请协助接待。具体行程见行程表。请提供______等综合服务。综合服务费和城市间交通费向我社结算。出境机票由______自理，请代为确认。 （各地游览、住房及特殊要求列在此处：______） 全程陪同：______，请贵分社为全陪订购______月______日返程机票______张。 联系人：______电话：______ ××旅游公司（加盖公章） 年　月　日

抄：本公司财务部、计调部、总经理、办公室。

附：行程表及名单

表 10－2　旅游团队接待计划回执（正面）

收件单位地址（收回执人）：______________________________ ______________________________ ______________________________ ______________________________ 中国______________旅游公司______________部 电话：______________传真：______________ 寄件单位（发回执人）：______________________________

表 10－3　旅游团队接待计划回执（反面）

团名：______________________团号：______________ 回执接待通知已收到(　　)：______________________________ 指定（　　　　）饭店已确认（　　　　）现改为：______________ 指定（　　　　）航班已确认（　　　　）现改为：______________ 指定（　　　　）车次已确认（　　　　）现改为：______________ 其他：______________________________________ 可确认项目请在(　　)中画√ 变更项目请在(　　)中画× 无关项目请在(　　)中画○ 请在接到接待通知后，速将此回执寄出。谢谢合作！ ______旅行社 年　　月　　日

面对组团社要求确认接待计划的请求，地接社通常会做如下处理：

（1）对接待计划予以确认。旅行社计调部门可采用在对方确认书上签署“确认”字样并加盖旅行社公章的方式对计划予以确认，也可通过发送旅行社专函的方式或寄回回执的方式予以确认。这样，组团社收到回执后就可放心发团，而地接社对确认的接待计划负有法律责任。

（2）地接社要求修改部分项目后再确认。地接社计调部收到组团社发来的接待计划后会立即落实接待事宜。遇有个别不能确认的行程或项目，会立即通知组团社修订，然后再行确认。

当然，如果组团社发现所发计划有误，也可以给地接社发函进行更改。更改通知示例如表 10－4 所示。

表 10－4　旅游接待计划更改通知书

旅游接待计划更改通知书 ××旅行社计调部： 您好！我社组织的九寨—峨乐九日团一行 30＋3 人（内宾，团号：__________），原报乘 CA442 航班于 7 月 4 日 15:20 抵成都，有误。应于 7 月 5 日 15:20 到达，请予更改，并请准时接机。 不便之处敬请原谅，收到后请予回复确认！谢谢！ 北京××旅行社计调部 20××年 7 月 1 日

在收到更改通知后，地接社计调人员应做出相应的调整，避免造成旅游接待事故。

三、地接社对财务风险的防范

地接旅行社在向组团社报价并确认旅游接待计划的同时，应该与对方商定地接费用的支付方式、支付时间和比例。

对于包价旅游团队，无论国内旅游团还是海外旅游团，原则上组团旅行社应事先一次性付清全款；尤其是海外旅游团队，必须在团队到达前汇给地接社该团全部旅游费用。尽管国际上有三个月后付款的惯例，但除非是信誉非常好的组团旅行社，一般不建议地接社接受后付款协议，以免团款收缴困难，不仅大量占用旅行社流动资金，而且容易因组团社恶意逃款而造成巨大的经济损失。

对于零星现付的散客或组团社委托代办业务（如委托代购机票或车票、代订房等），地接社可以要求对方支付相应的定金，并告知如有退订则定金将不予退还，以此保护自身的经济利益免受损失。

拓展练习

1. 地接社向组团社报价时应注意哪些问题？
2. 地接社与组团社合作时如何预防财务风险？
3. 北京国旅组织的 19 位客人，原定乘川航 3U8888 航班于 5 月 8 日 21:35 到达成都双流机场，由四川其国际旅行社负责地接，现改为 5 月 9 日上午 11:10 乘川航 3U8896 航班到达成都双流机场，请写一份旅游接待计划更改通知书。

任务二　组团社与地接社的业务合作

案例导入

某年 7 月，来自北京的 6 位游客参加了某旅行社组织的“北京—厦门—武夷山—福州六日游”。旅行团一行下午抵达厦门，大家本来肚子很饿，但晚餐却淡而无味，令人难以下咽，无奈大家只得自己出去吃大排档。第二天到鼓浪屿游览，事前已订好了晚上 7 点乘飞机去武夷山，但下午 5 点导游才带大家到餐厅吃饭，且等了很久才上菜。等到菜刚上齐，导游又催着赶飞机，大家只好匆匆吃一点儿完事。武夷山的导游是新手，对景点情况不熟悉，几乎不做任何讲解，还漏游了几个景点，而且武夷山每个峰都很高，爬上去很不容易，再加上导游对业务不熟，让游客跑了许多冤枉路。从武夷山到福州，本应乘旅游列车，但接待单位却安排游客乘坐普通列车。游客们苦不堪言，一回到北京就到旅游管理部门投诉该旅行社。

案例设问：为了保证旅游质量，组团社应该如何选择合适的地接社？

知识探究

一、选择地接社

旅行社组团成功后，大多将团队发往外地乃至外国，合同中约定的服务项目和服务质量由各地接待旅行社来实现。所以，对组团社而言，与地接社的良好合作关系到自身的声誉和服务质量，慎重选择地接社是组团社业务成功的关键。选择地接社的具体操作程序如下所述。

（一）确定选择标准

1. 选择合法的旅行社

选择合法的地接社是组团社选择合作伙伴的前提，这是旅游者利益和组团社声誉的基本保障。这里说的合法是指：地接社有国家核发的旅行社业务经营许可证；通过了企业年审；足额缴纳了旅行社质量保证金；业务范围和许可证期限与组团社业务吻合；有相对稳定的持证导游；有良好的社会声誉。

2. 考察旅行社的规模和经营管理模式

规模庞大且人力、物力、财力雄厚的地接社，是理想的合作伙伴。那些经营管理不善、经营状态不佳的企业，或私人挂靠承包的门市部，因其注重短期利益，常常随意增加旅游项目和购物点，随意乱收费，因此尽管报价较低，也应该避而远之。

3. 考察旅行社的商誉

商誉不好的地接社会给组团社带来很大的负面影响，因此考察地接社的商誉是极其重要的。一个商誉良好的旅行社应该管理有序、操作规范，在旅游者心中有较好的声誉，在业界有良好的口碑，很少发生恶性投诉或债务纠纷事件，无不良诚信记录。

4. 考察旅行社的业务能力

包括考察地接社的主营线路、接团经验、服务质量、游客评价、年接团量等情况。重点考察地接社主营线路是否与组团社力推的线路一致，是否具备优质接待组团社团队的能力。通过考察，筛选出接团经验丰富、服务质量优良、游客评价高、重合同有诚信的地接社备选。

5. 审核地接社的报价是否合理

地接社的报价直接关系到组团社的产品成本和经济效益，因此，组团社应在同等条件下选择报价低的地接社作为合作伙伴。但不是报价越低越好，低价极可能导致低质，关键是看报价的合理性，要兼顾团队质量、市场情况、旅游淡旺季、团队特殊性以及双方旅行社合理的收益等因素，从中选择性价比高的报价方开展合作。

当然，组团社选择合作伙伴还应看其发展潜力。有的中小旅行社名气可能没有大型旅行社的大，但有合作诚意，重视接待质量，关注长远利益，与这样的旅行社合作也会有较好的前景。

（二）筛选国内地接社

筛选国内地接社的方法和步骤如下所述。

1. 发放表格

请被选对象填写旅行社基本情况表（见表 10－5）及导游人员情况表（见表 10－6）。

表 10－5　地接旅行社基本情况表

<table>
<tr><td>单位名称</td><td colspan="2"></td><td>经济类别</td><td></td><td>电话号码</td><td colspan="2"></td></tr>
<tr><td>英文名称</td><td colspan="2"></td><td>主管单位</td><td></td><td>电话号码</td><td colspan="2"></td></tr>
<tr><td>单位地址</td><td colspan="4"></td><td>传真号码</td><td colspan="2"></td></tr>
<tr><td>建社日期</td><td colspan="2"></td><td>批准机关</td><td></td><td>电子邮箱</td><td colspan="2"></td></tr>
<tr><td>社属类别</td><td colspan="2">国际</td><td colspan="2">国内</td><td>邮政编码</td><td colspan="2"></td></tr>
<tr><td>经营范围</td><td>主营</td><td colspan="3"></td><td>兼营</td><td colspan="2"></td></tr>
<tr><td>注册资金</td><td colspan="3">万元</td><td>周转资金</td><td colspan="3">万元</td></tr>
<tr><td>开户银行（人民币）</td><td colspan="3"></td><td>账号</td><td colspan="3"></td></tr>
<tr><td>开户银行（外币）</td><td colspan="3"></td><td>账号</td><td colspan="3"></td></tr>
<tr><td rowspan="3">法人代表及主要负责人</td><td>姓名</td><td>职务</td><td>性别</td><td>年龄</td><td>政治面貌</td><td>文化程度</td><td>入社时间</td></tr>
<tr><td></td><td></td><td></td><td></td><td></td><td></td><td></td></tr>
<tr><td></td><td></td><td></td><td></td><td></td><td></td><td></td></tr>
<tr><td rowspan="3">职工人数</td><td rowspan="3">合计</td><td>管理、后勤</td><td></td><td>日语导游</td><td></td><td>意语导游</td><td></td></tr>
<tr><td>财会人员</td><td></td><td>德语导游</td><td></td><td>西语导游</td><td></td></tr>
<tr><td>英语导游</td><td></td><td>法语导游</td><td></td><td>其他导游</td><td></td></tr>
<tr><td>组织机构</td><td colspan="7"></td></tr>
<tr><td rowspan="3">经营状况</td><td colspan="2">营业收入</td><td></td><td>利润总额</td><td colspan="3"></td></tr>
<tr><td colspan="2">营业成本</td><td></td><td>纳税总额</td><td colspan="3"></td></tr>
<tr><td colspan="2">上缴所得税率</td><td></td><td>人均年创利润</td><td></td><td>人均年创汇</td><td></td></tr>
<tr><td rowspan="2">接待能力</td><td colspan="3">年接待人数</td><td colspan="2">车辆数</td><td colspan="2">出票能力</td></tr>
<tr><td colspan="3"></td><td colspan="2"></td><td colspan="2"></td></tr>
<tr><td colspan="2">有无和本社合作经历</td><td colspan="6"></td></tr>
</table>

表 10－6　导游人员情况表

姓名	年龄	性别	语种	何校毕业	从事导游年限	导游等级	所获荣誉

2. 上门考察

组团社可以组织专业人士赴各地访问备选地接社，实地调查其规模、设备、办公场地、经营制度、纪律、人员素质和作业规范等情况，同时与备选地接社所填表格进行核对；必要时可约见备选地接社的主要负责人、业务员及导游人员，与之通过深入交谈，了解该社的经营理念和业务能力。

3. 发团考察

为了获得可信资料，组团社可以向备选地接社发一个中小型团队，从第一次合作中获知对方人员的素质、业务能力和对业务的熟悉程度，既可待全陪返回后得到导游、餐饮以及服务质量方面的第一手资料，也可以直接回访参团游客以获取更有参考价值的信息。在此基础上，组团社可以最终确定可靠的地接社作为业务伙伴。

此外，旅行社通过国际国内旅游博览会或者参加旅行社协会，也能挑选到满意的合作对象。如我国每年在各大城市轮流举办的国内旅游交易会，就是旅行社展示自我和合作交流的绝好窗口。组团社可以从中了解、选择适合的合作对象。

（三）选择境外接待社

我国旅行社组织的出境旅游团队大多由境外目的地国家（地区）的地接社负责接待，选择一个信誉良好、质量有保证且能长期合作的境外旅行社，对我国组团社来说至关重要。近几年由于我国公民出境旅游目的地增多，而我国旅行社在选择国外合作伙伴方面缺乏经验，在与境外旅行社合作时，有的没有签订规范性的旅游合同，导致对方的约定不到位、承诺不落实；有的因为语言障碍，沟通不畅，导致旅游环节中出现脱节，引起纠纷。因此，合理谨慎地选择境外合作旅行社，是我国从事出境旅游业务的旅行社必须高度重视的问题。

根据我国《旅行社条例》的规定，旅行社组织旅游者出境旅游，应当选择有关国家和地区依法设立、信誉良好的旅行社，并与之签订书面协议，这应该是我们选择境外接待社的基本原则。有些国家的旅游主管部门也会向我国的旅行社推荐当地的优秀旅行社，这些旅行社应该成为国内组团社的首选合作伙伴。

按照我国法律规定，凡因境外旅行社违约使旅游者权益受到损害的，组织出境旅游的国内旅行社应当先行承担赔偿责任，然后再向违约的境外旅行社追偿。所以，组团社在确定了合作伙伴后，一定要与之签订合同，注明违约责任和惩处办法，以维护组团社和游客的合法权益。

随着改革开放的进一步深入，我国旅行社的国际化也将成为必然的趋势。旅行社的国际化包括两个方面：一是外资进入后导致国内旅行社竞争格局的改变；二是国内有实力的旅行社向国外的扩张。近年来，我国的出境旅游发展迅速，有条件的旅行社应当创造条件去海外建立接待体系，以获得更大的利益。

二、领队、全陪的选派

组团社在发团时都会选派导游人员（领队、全陪）随团行动，其任务是代表组团社协调团队关系，监督地接社执行旅游接待计划并保证接待的质量。领队、全陪与地接社导游（地陪）的密切配合，是团队正常运行的重要因素。

（一）领队的选派

1. 领队的概念

领队是入境旅游团队或出境旅游团队的率团导游。入境团领队由境外组团社委派，并全权负责该团在华期间的旅游活动；出境团领队由中国境内具有出境权的旅行社委派，负责该团在境外期间的旅游活动。领队必须持有领队证才能从事领队业务。

2. 领队的主要职责

（1）带好团队，处理团队事务。

（2）协助游客办理通关手续，帮助游客填写出入境卡并提供相关翻译服务。

（3）监督境外旅行社保质保量地执行接待计划，兑现组团社与旅游者签订的旅游合同。

（4）负责旅游过程中与各国接待社的联络工作。

（5）维护安全，处理问题。在旅游过程中维护游客的人身安全和财产安全，处理好各类突发事件，及时了解并处理游客的意见、建议和要求。

3. 领队的选派标准

组团社计调部门应以领队的工作职责为标准，对领队的自身素质和能力进行考察，选择合格、恰当的领队人选。其考察标准如下：

（1）所选择的领队应熟悉目的国出入境手续办理的有关程序和规定。

（2）所选择的领队应了解目的国的情况，包括历史文化、法律法规、风俗习惯、宗教信仰、礼节禁忌等。

（3）所选择的领队应有较高的外语水平。领队主要是在境外带领团队，协助当地导游工作，在很多情况下都需使用外语，所以领队应有较高的外语水平，这是开展工作的基本条件。

（4）所选择的领队应有较强的责任心和工作能力。

（二）全陪的选派

1. 全陪的概念

全陪，又称全程陪同导游员，是组团社为国内旅游团派出的导游人员，负责旅游团队的全程陪同工作。全陪必须是参加全国导游资格考试并获得导游资格证书，且办理了正式导游证的人员，否则不能从事全陪业务。

2. 全陪的主要职责

（1）带好团队，处理团队事务。

（2）按照旅游合同的约定，监督地方接待旅行社保质保量履行旅游合同，完成接待计划。

（3）负责与组团旅行社和地方接待旅行社的联络，做好旅行社各站的衔接工作。

（4）协调领队、地陪、司机等接待人员之间的合作关系，配合并督促地方接待单位安排好旅游团队的吃、住、行、游、购、娱等旅游活动，给游客营造一个良好的旅游环境。

（5）维护安全，处理问题。维护游客旅游过程中的人身和财物安全，处理好各种突发事件，传达或处理游客的意见、建议和要求。

3. 全陪的选派标准

旅行社计调部门应从具备以下几个条件的工作人员中选拔全陪人员：

（1）熟悉业务，知识丰富。团队运行过程中，涉及的业务部门繁多，各方面关系都需要协调，各种情况都可能发生，知识丰富并熟悉业务的全陪人员善于处理各种关系，善于预测可能发生的各种变故，并能采取恰当的应对措施，使游客满意，旅行社也放心。

（2）有职业道德，责任心强。全陪是旅游者合法利益的维护者，是保证旅游行程圆满完成的责任人。其工作十分辛苦，且不允许出一点差错。只有爱岗敬业、责任心强的导游，才能胜任全陪工作。

（3）有较强的独立工作能力。全陪必须具有较强的亲和力和语言表达能力，能与游客充分沟通交流并有熟练处理各种突发事件的能力。组团社选择全陪时，应对其工作能力进行全面评估，尽可能选择独立工作能力强的导游从事全陪工作。

三、地接社服务质量跟踪及评估

组团社在将团队交予地接社后，并不意味着工作的结束，组团社还应对地接社接待过程中的服务质量进行监督，在团队旅游结束后对地接社的服务进行评估，目的是维护旅游者和旅行社的利益，为今后再次与地接社合作积累资料。这方面工作主要应从以下几个方面进行：

（1）组团社要与地接社保持密切联系，及时获取团队运行的有关信息，督促地接社按照合同提供质价相符的服务。

（2）组团社要指派专人全天 24 小时跟踪团队，随时处理全陪的要求和建议，有重大情况及时向旅行社高层汇报，并负责领导指示的贯彻落实。

（3）组团社应建立健全总结制度。要求全陪认真填写《全陪日记》，及时回收《游客意见表》；旅途中如果发生重大事故，应单独撰写事故报告，就事故原因、经过、处理办法及旅游者满意程度进行专项汇报。

拓展练习

1. 为了保证旅游质量，组团社应该如何选择合适的地接社？
2. 组团社如何监督、评估地接社的接待质量？

项目答疑解惑

组团旅行社和地接旅行社是利益共同体，为了保证接待质量，组团社必须选择优秀的地接旅行社进行合作，并派遣领队或全陪人员随团行动，协调好关系。同样的道理，地接旅行社也会选择商誉好、组团能力强的组团社开展业务合作，双方一损俱损，一荣俱荣。

项目小结

本项目通过对地接社和组团社计调业务合作问题的探讨，阐明了组团社如何选择地接社，如何对地接社进行质量监督，以及地接社如何向组团社报价，如何落实接待计划等内容。通过本项目的学习，可以加深对旅行社计调部门业务性质的理解，培养实际运作团队的能力。

实训练习

一、选择题（可多选）

1. 分项报价主要包括哪些内容？（　　）

A. 游客住宿费用　B. 门票费及餐费　C. 交通费用
D. 其他费用（如导游服务费、旅游意外保险费等）
E. 旅行社合理利润
2. 领队的选派标准有（　　）。
A. 有较强的责任心和工作能力　　B. 有较高的外语水平
C. 有较强的工作能力　　D. 了解目的国的法律法规
E. 熟悉目的国出入境手续办理的有关程序和规定
3. 考察地接社的业务能力可以从哪些方面入手？（　　）
A. 主营线路　B. 接团经验　C. 服务质量
D. 游客评价　E. 年接团量等情况

二、案例分析题

某年10月3日，由北京某旅行社组团23人前往云南丽江—香格里拉6日游。云南大华旅行社负责地接工作。但当10月4日早上7:05游客到达丽江时，旅行社竟无人接团。全陪打电话给地接社，35分钟后大华旅行社派来了两位工作人员，但没有派车，全陪只好打的送客人去饭店吃早餐。由于客人行李多，打的很不方便，引起游客的不满，投诉到组团社。对于漏接原因，地接社称组团社传真有误，而组团社则认为地接社对传真理解有误。

问题：

漏接事故如何预防及处理？（《案例研讨表》见附录四）

项目十一

电子商务与旅行社计调外联业务

问题导入

根据世界旅游组织的预测，到 2020 年，中国将成为世界第一位旅游接待大国和第四位客源输出国。随着网络经济和电子商务的日趋发展，对传统的旅行社业务产生了革命性的影响。什么是旅游电子商务体系？怎样正确认识电子商务在旅行社经营中的重要性？旅行社计调和外联业务中怎样运用电子信息技术来管理系统？

任务导读

信息时代的到来和电子商务的出现对旅行社业务产生了革命性的影响。过去，旅行社作为旅游业务中介服务机构，无论是对旅游分项产品的采购，还是向旅游者提供线路产品信息，大多采用人工操作的方式收集、整理和传播信息，不仅收集面有限，而且速度也很慢。当今社会已进入信息时代，旅行社传统的人工收集整理信息方式已落伍，知识经济和以计算机网络为载体的信息技术成为经济发展的巨大动力，电子商务信息系统正被广泛应用到旅行社经营管理中，并逐步改变着旅游业的产业结构。旅游电子商务正日渐成为旅行社新的竞争领域。

学习目标

1. 掌握旅游电子商务的定义；
2. 了解旅游电子商务体系的构成、特点和功能；
3. 熟悉旅行社联合体网络经营系统。

任务一　电子商务在旅行社业中的运用

案例导入

同程旅游网成立于2004年，总部设在江苏苏州工业园区，是以景区门票预订、城市周边自助游和休闲旅游业务为主的在线旅游营运商，在国内门票在线预订市场和国内自助游市场占据绝对优势。

同程旅游网有直客服务（B2C）和为旅游企业提供在线交易平台（B2B）两种经营模式，拥有两大服务网站——注册会员上千万的旅游资讯网站“一起游”和注册旅游企业达14万家的在线交易平台“旅交汇”，年服务游客超过3 000万人次，年均增长率达100%，连续三年入选“中国旅游集团20强”（2016年位列第5名）。

2014年同程旅游网得到腾讯、携程2亿美元注资，开始进军国际门票预订市场和中国人出境旅游市场，提出了“百亿营收、十亿税收、一亿用户”的倍增目标。同程旅游网作为一家“旅行社＋互联网”企业，直客业务占据主导地位，直属的线下旅行社齐备，其市场竞争力远比传统旅行社有优势，代表着未来旅行社的发展方向。

2017年底，同程旅游网与艺龙旅行网合并为“同程艺龙”。

案例设问：你或者家人是否有上网采购旅游产品的经历？在线旅行社比传统旅行社在旅游信息查询和产品销售方面有哪些优势？

知识探究

一、旅游电子商务的含义

旅游电子商务是以网络为主体，以旅游信息库、电子化商业银行为基础，利用先进的网络、电子手段运作旅游业务及其分销系统的商务体系。简言之，就是通过先进的网络信息技术手段实现旅游商务活动各环节的电子化。它包括通过网络手段采购旅游产品、进行宣传促销、开展旅游售前售后服务、查询和预订旅游产品并进行在线支付，以及旅游企业内部流程管理等内容。

旅游电子商务提出了没有时空限制的新型商务理念，丰富了信息传播渠道，提高了信息传播的速度；通过网络虚拟的方式，营建了一个面向全世界且供需直接见面的巨大市场；通过网络使旅行社业务的管理更加高效便捷，网上成团、异地组团、一人成团这些以前不可能完成的业务开始变得非常易于操作。

二、旅游电子商务体系

（一）旅游电子商务体系的构成

旅游电子商务体系是构建旅游电子商务的基础业务系统，由旅游机构（旅游企业和旅游目的地营销机构)、使用互联网的旅游者、旅游信息化组织、电子商务服务商以及提供支付服务的机构共同组成，在旅游产业经济环境、技术环境、社会环境和法律法规环境允许的层面开展旅游在线业务，如图 11－1 所示。

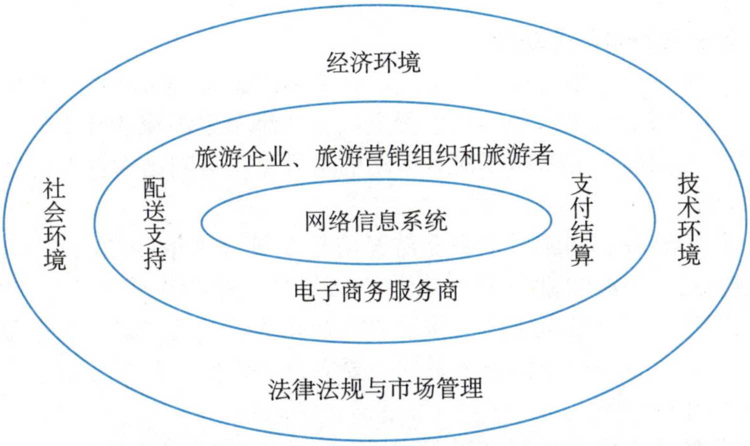

图 11－1　旅游电子商务体系：基础、主体和环境

(二) 旅游电子商务体系的特点

1. 时空无界性

旅游电子商务体系突破了时空限制，全球 24 小时不间断网络服务使旅游从业者不必恪守坐店经营的原则，实现了随时随地经营的理想操作模式。网络突破了空间距离的束缚，使得人们可以随时了解到自身所需要的信息。从长远来看，越是空间距离远并对旅游目的地陌生的旅游者，越会倾向于通过网络获取所需的信息。

2. 聚合性

旅游产品的构成要素纷繁复杂。旅游电子商务体系像一张大网，将旅游业各方面的信息资源、服务资源、客户资源集中起来，把服务于旅游业的金融机构、旅游目的地营销机构也集合进来，形成一个虚拟的巨大市场空间。旅游服务提供商、旅游中间商和游客都能充分利用旅游电子商务体系进行运作。旅游电子商务体系实现了大市场的这种供求汇集、信息充分、交易通畅的功能，促进了旅游业的交流与协作。

3. 直接性和高效性

在旅游电子商务体系中，由于采用了互联网平台，因此无论旅游者身处何地，旅游企业都可以与之通过网络直接进行物质上虚拟、信息上真实的接触，并且信息的传递能在瞬间完成，这使得信息迟滞和信息迂回大大减少，沟通效率极大提高。旅游电子商务的直接性决定了它将形成比传统模式更为有效的营销和业务运行体系。

4. 经济性和联结经济性

在旅游经济传统模式下，由于地域和其他方面的原因，服务提供者与最终消费者之间存在许多道间隔，造成信息不畅，加上操作环节多，使交易成本较高。旅游电子商务的推行减少了交易的中间环节，使交易过程更直接快捷，交易成本大大降低，具有较高的经济性。

而且，随着旅游电子商务功能的不断开发，旅行社订购机票、客房、门票、租车、宣传、招徕等业务纷纷通过网络实现，脱离网络就意味着放弃了相当一部分机遇和市场，这使旅游企业不得不进入到网络中来。与传统资源不同，信息资源不会因为被利用而减少，而是网络的节点越多，信息传播范围就越广，传播机会就越多；共享的人越多，信息产生的影响和效应越大，这又进一步促使旅游企业纷纷进入网络。

（三）旅游电子商务体系的功能

旅游电子商务体系具有信息流、资金流、物流和旅游流四大功能。其中，信息流居于最重要的地位，是对旅游电子商务活动中资金流、物流和旅游流的导引、反映和控制，是电子商务体系的核心功能。旅游电子商务活动的主要过程可归结为各类信息的传递过程。

1. 信息流功能

旅游信息是旅游资源、旅游活动和旅游经济现象等客观事物的反映，它的范围很广，包括旅游目的地信息、旅游企业信息、旅游产品信息、旅游供求信息、旅游者信息五大类。网络信息技术构建了旅游电子商务体系的框架和基础，而旅游信息资源则是旅游电子商务体系的灵魂，是旅游业电子商务体系的主要内容和依据。开展旅游电子商务的关键之一就是强化旅游信息的开发。

旅游电子商务体系需要处理复杂的信息流程，为旅游业中的信息沟通、交易提供服务，其中不仅包括旅游信息的有序传递，还包括旅游信息的合理组织、再造、提供查询等。其信息流功能既包含提供旅游业中日常的、开放的信息发布与查询平台，使公共的、可公开的旅游信息能在平台上得到最充分的传播与共享，也包括处理涉及旅游交易的点对点信息沟通。

2. 资金流功能

资金流功能主要是指资金的网上交换（电子支付）。旅游商务中的支付可以采取以下几种途径：旅游者通过网站预订，在接收旅游服务时向旅游企业现场支付；部分预付，部分现付；旅游企业之间采取与交易同步的电子支付；以传统方式支付。其中，跨越空间实时完成的电子支付对于解决旅游预订失信和旅游企业之间的账务拖欠问题有一定效果，是旅游支付的发展趋势。

3. 物流功能

旅游商务对物流配送的需求相对较少，只有一些票据须通过相应的物流体系进行配送，承担物流功能的可以是旅游企业或旅游网站本身，也可以是专业化的第三方物流服务。

4. 旅游流功能

旅游电子商务强调人员流的组织。旅游过程是靠旅游者由客源地向目的地流动，而不是靠旅游产品的流动来进行的。旅游流主要包含两个部分：一是客流，这是旅游收入的主要来源，加强对客流的组织是旅游电子商务的主要目标；二是与旅游相关的人力资源的调配和组织，这也是旅游过程中必不可少的一个分环节。

在旅游电子商务中，信息流、资金流、物流和旅游流四大功能有机配合，贯穿整个旅游活动的运作过程。

三、我国旅游电子商务发展状况

（一）旅游电子商务成为旅行社转型发展的重要推动力

我国旅游电子商务的出现最早可以追溯到 1997 年成立的华夏旅游网和中国游咨询网，

它们作为第一代旅游网站的代表，较早开始向旅游者提供旅游信息服务和旅游咨询服务，这可以被看成是我国旅游业网络化的开始。

1999 年，以携程旅行网、e 龙网等为代表的新一代旅游网站相继成立。它们除了向游客提供旅游资讯外，还开始经营在线旅游咨询和机票、酒店等单项旅游产品预订业务，这大大拓展了旅游电子商务的内涵；与此同时，北京中青旅和青旅在线也开始整合，青旅在线主营网上散客订房、网上订票业务和网上组团业务，所组织的客人交由中青旅成团，中青旅则将团队订房、订票业务交由青旅在线负责，这种合作标志着传统旅行社业务与电子商务开始接轨。

2003 年，携程旅行网得到日本乐天公司注资 1 亿美元，建成了全亚洲最大的旅游呼叫中心，并成功地运用 IT 技术和集中式呼叫中心搭建起虚拟服务网络，设立了国内最领先的预订服务系统，其具有的高效率加上规模效应大大降低了服务成本。携程旅行网成为当时国内最大的旅游营销网站，并顺利在美国纳斯达克上市。2004 年旅游企业内部交易平台——旅游交易在线开通，极大地推动了旅游电子商务发展的步伐。

2005 年 2 月，旅游搜索类在线旅行网站“去哪儿”创立，总部在北京。作为一家创新的技术公司，去哪儿网致力于为中国旅游消费者提供全面、准确的旅游信息服务，促进中国旅游行业在线化发展、移动化发展。去哪儿网一方面为消费者提供机票、酒店、度假产品的实时搜索，供旅行者在线比较并购买国内廉价航班机票和酒店预订，另一方面也为旅游行业提供在线商务平台，旅行社可以借助此平台，实现在线销售旅游产品、招徕游客的目的。2011 年去哪儿网与全球最大的中文搜索引擎公司百度深度战略合作，百度向去哪儿网站战略合作投资 3.06 亿美元。2013 年去哪儿网在纳斯达克股票交易所成功挂牌上市，成为全球著名的中文在线旅游网站。

与此同时，途牛旅游网、同程旅游、穷游网、春秋旅游网、马蜂窝、悠哉旅游网、驴妈妈旅游网、阿里旅行·去啊、百度旅游、八爪鱼等大批中文旅游网站均在这一时期应运而生。在线旅游的发展不仅提升了传统旅行社营销体系在线化的水平，也加速了电商与实体旅行社的融合，促进了传统旅行社的转型发展。

（二）旅行社电子商务主要发展模式

我国旅游业开展电子商务的时间不是很长，但发展十分迅猛。目前我国已形成以下四类旅游网站：

（1）门户网站。如新浪、搜狐、网易等网站的旅游频道，侧重对旅游政策、旅游新闻、旅游景点、旅游路线、旅游知识进行介绍，很少提供整套的旅游在线商务服务。但随着在线旅游的发展，百度等门户网站也开始向在线旅游商务领域涉足。

（2）企业自建的网站。如国旅总社、昆仑在线等。这些网站具有宣传自我和发布信息的功能，侧重于宣传企业形象，也提供简单的在线服务。但网站点击率不高，不易为人知晓，容易形成信息孤岛，因此除中青旅“遨游网”、上海春秋国际旅行社“春秋旅游网”等大型企业自建的网站外，营销效果普遍不好。

（3）政府网站。包括旅游行政管理部门主办的旅游政务网和旅游资讯网。它们不经营旅游业务，不以营利为目的，而是要构建一座“旅游电子商厦”，宣传旅游政策，整合旅游资源，为旅游企业提供宣传平台，达到宣传、规范、促进区域旅游业发展目的。

(4) 专业旅游营销网站。这是旅行社电子商务的主要形式，包括直接面向旅游者销售产品和服务的携程旅行网、同程艺龙等和面向旅游同行的中国旅游同业网等，还有既面向旅游者也为旅游同行提供交易平台的网站（如去哪儿网、阿里旅行等）。它们是旅游电子商务的主力军，也是在线旅游市场最活跃的要素，是当前各种风险投资追捧的对象。

我国旅行社电子商务发展模式主要有 B2C、B2B 和 O2O 三大类。

B2C（Business to Customer），中文简称“商对客”，即商业零售模式，网站直接面向旅游者销售旅游产品和服务。如携程旅行网、同程艺龙是从销售机票、预订酒店等单项旅游产品发展起来的，悠哉旅游网则以对客销售线路产品为主要特色。旅游者通过网上预订、在线支付实现在线购买的目的。

B2B（Business to Business），中文简称“商对商”，是指企业与企业之间通过互联网进行产品、服务及信息交换的模式。旅游电子商务中的 B2B 模式有多种类型，如服务于旅行社同行之间转并团或委托代理业务的旅游同业网站（中国旅游同业网、中国旅游计调网等），为旅行社提供直客销售平台的第三方旅游在线网站（去哪儿网、阿里旅行、欣欣旅游等）。

O2O（Online to Offline），中文简称“线上线下结合”，即将线下的商务机会与互联网结合，让互联网成为线下交易的前台。此模式特别适合于餐饮、电影、美容、SPA、旅游、健身、租车、租房等服务业，在线网站采取团购的方式购买实体店服务产品，在线销售给旅游者，旅游者通过在线支付后获得电子消费券，凭券到实体店消费旅游产品。在线运营商的利润主要来源于产品差价或者商家给予的推广佣金。这种模式在旅游餐饮团购方面已经被广泛应用，在旅行社业务方面也被江苏途牛、“八爪鱼”等在线旅游运营商采用——在线运营商集合众多实体旅行社作为同业分销平台，同时上线国内、出境、入境旅游产品超万条，面向游客进行在线销售，售出的产品再交由线下实体旅行社接待。其优点是整合了实体旅行社的资源，减少了线上运营商投资实体旅行社的开支，有利于构建垂直化的旅行社分工体系。

总之，旅行社电子商务具有营销功能强大、无时空限制、符合现代人消费习惯等优势，终将成为未来旅游产品销售的主要渠道。但在线营销只是旅行社实现产品价值的第一个环节，在线销售的产品仍然需要实体旅行社承担接待服务，因此做好线上与线下旅游的融合发展，做好旅行社产品开发和质量管控，仍将是未来旅行社发展的重中之重。

拓展练习

1. 结合本书对我国旅游业电子商务现状的描述，谈谈你对旅行社电子商务的认识。
2. 上网浏览五家以上在线旅游运营商网站，了解其系统模块、主营业务和赢利模式。

任务二　旅行社电子商务信息管理系统与计调、外联业务

案例导入

我国旅游业信息化工程“金旅工程”和智慧旅游建设是国家信息化工作在旅游部门的具体体现，也是国家信息网络系统的一个组成部分。“金旅工程”是建立旅游电子商务平台，通过互联网获得面向国内外市场营销的机会，全面提高我国旅游企业的竞争力。智慧旅游是利用电子传感技术和移动互联网建立的旅游综合性网络平台，综合了智慧旅游管理、智慧旅游服务和智慧旅游营销等多种功能，实现了对旅游信息的动态监控处理，可以打破时空界限，为游客提供在线产品选择、预订、支付、评价等服务，为旅游产业进一步转型发展奠定了科学的基础。

案例设问：“金旅工程”和“智慧旅游”的开展有助于旅游企业建立服务优质、成本低廉的商务交易平台，发挥网络宣传、促销功能，建成为消费者提供高质量在线旅游服务的旅游信息网络，全面促进旅游业的发展。你知道旅行社电子商务信息系统的构成吗？它是如何提升旅行社计调和外联业务水平的？

知识探究

一、旅行社电子商务信息管理系统结构

旅行社电子商务信息管理系统属于中小型信息管理系统，具有数据库大、可与外部信息资源共享、界面简洁易用、计调和外联管理功能强大等优点。旅行社电子商务信息管理系统结构如图 11－2 所示。

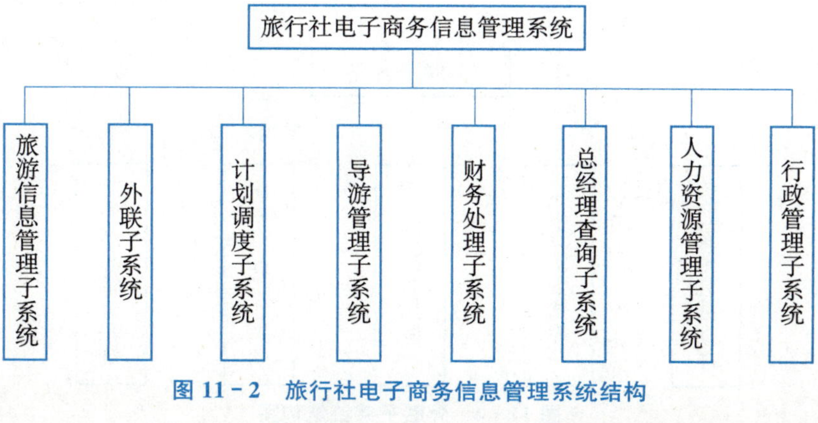

图 11－2　旅行社电子商务信息管理系统结构

旅行社电子商务信息管理系统包括旅游信息管理子系统、外联子系统（旅游产品设计与营销子系统）、计划调度子系统、导游管理子系统、财务处理子系统、总经理查询子系

统、人力资源管理子系统和行政管理子系统等。其中最核心的内容就是旅行社计调子系统和旅行社外联子系统。

二、旅行社电子商务信息管理系统中的计划调度子系统

计划调度子系统是旅行社电子商务信息管理系统中的基础部分，也是旅行社内部管理的重要模块，一般包括计划管理、陪同管理、订票管理、订餐管理、订房管理、订车管理、结算管理等七个模块，见图 11－3。它是专门为旅行社的计调业务管理定做的应用程序软件，具有计划管理、组织联络、接待变更、报表管理等功能，涉及范围全，功能强，界面友好，操作简单，系统安全、保密而且运行平稳，在实现旅行社的办公自动化操作的同时，又能提高工作效率和管理质量。

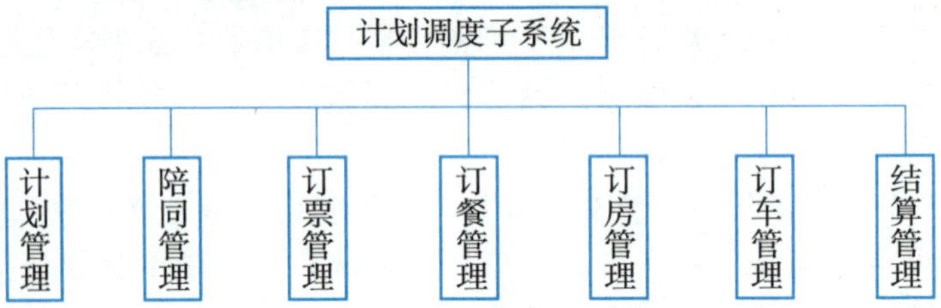

图 11－3　计划调度子系统

计划调度子系统是旅行社团队运行管理的重要系统。该系统记录了与旅行社有业务联系的酒店、餐馆、车队以及票务等分项产品供应商的资料，可根据旅游合同及时为客人预订相关旅游服务；该系统可对团队运行情况、财务收支情况进行分析统计，有利于旅行社对服务和产品进行深度完善。

三、旅行社电子商务信息管理系统中的外联子系统

外联子系统即旅行社产品销售系统，是具有旅行社产品查询功能、产品修订功能和产品销售功能的网络服务系统，主要供旅行社外联门市或产品销售终端使用。系统结构如图 11－4 所示。

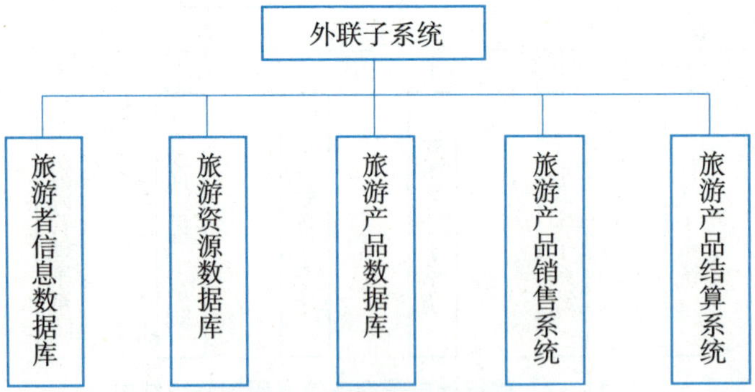

图 11－4　外联子系统结构图

外联子系统实际上是一个由数据库系统、管理信息系统和决策支持系统组成的综合

体。系统中存储着旅行社历史产品资料、客户档案、旅行社在线销售的产品库和分项产品供应信息库等基础数据，可以进行产品查询、修订、重组、销售和结算业务。当客户选定旅游产品后，该系统可自动生成并打印出游客明细表、旅游合同、行程计划表以及各种订单等，并将接待计划同步上传计调部，由计调部对分项旅游产品进行采购，同时启动接待服务工作。

拓展练习

1. 外联子系统的主要功能是什么？
2. 结合整个旅行社电子商务系统，阐述计划调度子系统和外联子系统的重要联系。

任务三　旅行社联合体与旅行社联合体网络经营系统

案例导入

江苏八爪鱼在线旅游发展有限公司成立于2011年，是近年来异军突起的B2B在线旅游营运商，主要产品是“八爪鱼在线旅游综合分销平台”，是以线上产品和网上交易为核心、以销售终端为渠道构建的旅行社中央预订系统平台，它将国内外地接社的产品共享至分销平台，使分销商可以在分销平台上对符合要求的信息进行检索、采购，方便分销商实时获取产品信息及预订情况并完成交易，有助于传统旅行社实现电子商务化并形成垂直化分工体系，让部分旅行社专注做产品，部分旅行社专注做客源，其本质上是变全国各加盟旅行社为其产品供应商或分销商，把自己变成国内最大的旅行社网络联合体。

案例设问：什么是旅行社联合体？旅行社联合体有哪些形式？

知识探究

一、旅行社联合体概述

（一）旅行社联合体的含义

旅行社联合体是指两个或两个以上的旅行社为实现共同的中长期目标，通过协议、组织联合等方式而结成的一种既相互独立又相互统一的利益共同体。参与联合体的旅行社既可以在同一城市、区域，也可分处异地，它们在一定合作领域内实现资源共享、优势互补，采取联合行动，共同增强竞争能力，实现社会、经济效益。其发展初期一般以产品为纽带。

中小旅行社组建旅行社联合体，将具有与大旅行社相抗衡的能力，甚至在某些方面具有更强的优势和竞争力。联合体的各成员之间信息资源与市场资源共享，优势互补，各成员都有自己的特点，联合后集各家所长，产品统一挂牌出售，使客人在任一家成员社都可以选择其中的任一产品，降低了旅行社的生产和宣传成本，拓宽了产品的销售渠道，有利于创建旅行社的品牌并最终提高其竞争力。

（二）旅行社联合体的形式

从目前已组建的旅行社联合体的形式来看，主要有下述两种。

1. 战略联盟型旅行社联合体

这是目前旅行社建立联合体的主要形式，以这种形式联合的旅行社需要签订各种合作协议，进行契约联结，以协调相互间的资金投入、人力调配、利益分配等方面的关系，这一联合体有相对明确的战略目标，各方的合作更多出于战略层面和产品销售、市场营销等方面的考虑。其特点是：联合体成员之间只是通过合作协议来约束彼此，是一种合作伙伴关系，而不存在控制与被控制的关系。

其优点表现在两个方面：一是联合体各方可以实现双赢。各成员在协议规定的范围内相互合作，避免了彼此间的竞争，从而获取大于各自独立或对立行动时所获得的利益。二是联合体各方在密切合作的同时，仍然保持各自的独立性与平等地位，它们可以继续开发各自的特色产品，从而获取自己的客源。

其不足之处主要表现在：各方虽然建立了联盟关系，但还完全拥有自主权，有独立的组织机构，因此，各成员在认识和解决问题的程序、方法上都会有一定的差距，在合作时对信息的掌握和理解程度也会存在着不平衡，是一种相对松散的组织机构，稳定性和约束性较差。

2. 网络联盟型旅行社联合体——虚拟旅行社集团

这是一种利用计算机网络技术建立起来的虚拟旅行社集团，这种模式是在战略联盟型联合体的基础上发展起来的。建立该联合体的各方，在市场竞争中既保持自己的独立地位，又随时随地保持联系，日常具体业务通过计算机网络紧密完整地联系在一起。这是目前较好的一种联合体思路。其优点主要如下：

（1）从旅行社业务来看，联合体内各旅行社利用计算机信息管理系统紧密地联系在一起，日常业务运作如同在一个旅行社的内部运作一样，各方可共同完成网上组团、网上外联、网上营销、网上结算、网上业务咨询等工作。

（2）从旅行社组织管理来看，联合体内部各旅行社仍有一定的独立自主性和完整性。

（3）由于日常业务利用网络运作，随着时间的推移，各旅行社对网络的依赖性将越来越强烈，从而保证了各旅行社之间的合作具有较强的紧密性和稳定性。

（4）管理更规范，经营成本更低，信誉度更高。

网络联盟型旅行社联合体是旅行社联合体的较高形式，也是旅行社联合体未来发展的一个方向。

二、旅行社联合体的业务系统

（一）战略联盟型旅行社联合体的业务系统

各成员旅行社员工利用计算机管理系统为客人服务，形成战略联盟型旅行社联合体。其业务系统如图 11－5 所示。

在这个系统中，各成员旅行社之间、客人与旅行社（通过员工代理）之间的直接接

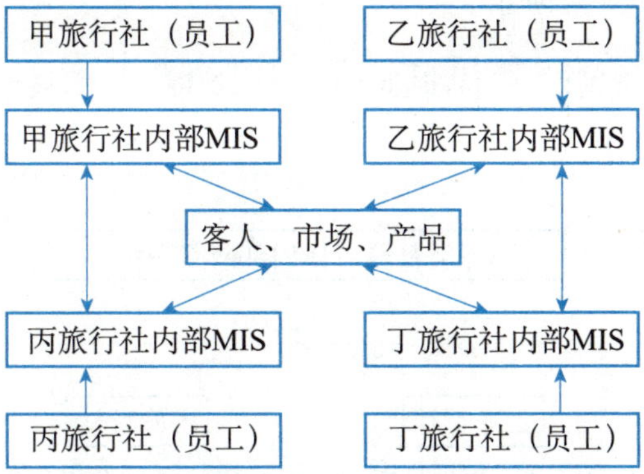

图 11-5　战略联盟型旅行社联合体业务系统

触，都是通过各旅行社的计算机系统来实现的。

（二）网络联盟型旅行社联合体的业务系统

网络联盟型旅行社联合体业务的本质在于根据新技术条件下信息处理的特点，以旅行社业务发生的自然过程为依据寻找解决问题的最佳途径。旅行社联合体运营流程与企业的运行方式、组织协调合作、人力资源组织管理和电子商务技术的应用等密切相关。业务完成的好坏在很大程度上取决于对电子商务技术潜能的把握及对现有业务流程、运行环境、客户需求等因素的熟悉程度。

网络联盟型旅行社联合体业务系统如图 11-6 所示。

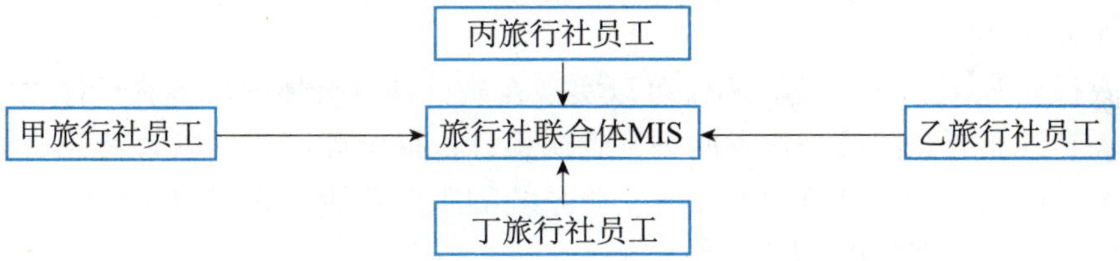

图 11-6　网络联盟型旅行社联合体业务系统

在这个系统中，各成员旅行社之间、客人与旅行社之间的接触都是通过同一个网络实体即虚拟旅行社集团的形式而实现的。

三、旅行社联合体网络经营系统

旅行社联合体网络经营系统的基本框架由客户、旅行社联合体网络经营系统平台、网络银行以及各成员旅行社构成。这里仅就旅行社联合体网络经营系统平台做简单介绍。

根据旅行社联合体的类型和运营模式及发展阶段不同，旅行社联合体网络经营系统平台可分为旅行社联合体内部网络系统（Intranet）、扩展的旅行社联合体内部网络系统（Extranet）和面向社会服务的旅行社联合体网络系统（Internet）三个层次。这三个层次的系统共同作用，实现联合体高效低耗的自动化旅游服务、管理与业务运作功能。

（一）旅行社联合体内部网络系统（Intranet）

该网络系统将旅行社联合体前台（门市销售、加盟代理商）和后台（组团部、接待部、财务部等）连接在一起，形成一个各旅行社共同使用的基于 Intranet 公共平台的网络系统，其逻辑框架如图 11-7 所示。

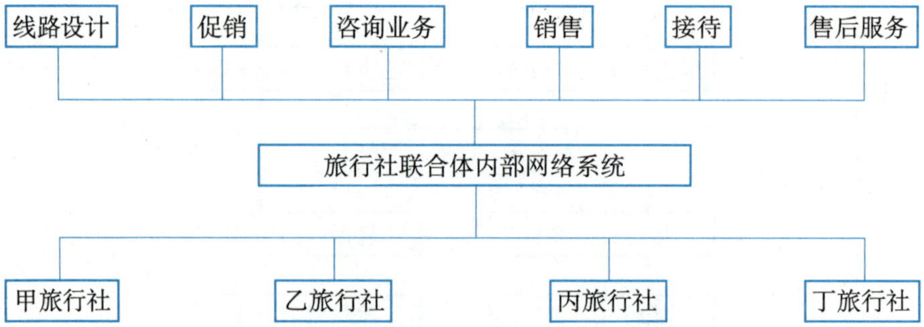

图 11-7　旅行社联合体内部网络系统逻辑框架

（二）扩展的旅行社联合体内部网络系统（Extranet）

扩展的旅行社联合体内部网络系统是旅行社内联网对外部特定用户的延伸，它利用互联网技术和公共通信系统，使指定并通过认证的用户分享部分联合体内部网络信息和部分应用，是半开放的旅行社联合体外域专用网，也是旅行社通过外部网络和互联网与旅游供应商、旅游中间商等相关的组织进行交易和其他业务往来的系统。

从行业范围角度看，扩展的旅行社内部网络系统是一个服务于旅行社、旅游产品供应商（如饭店、景点、旅游交通部门等）的网络系统。该网络系统的访问者只能是以上两类单位，它们既是旅行社电子商务系统的成员，也是传统旅行社协作网络当中的成员。旅行社 Extranet 系统可以实现旅游产品信息的分布式维护和旅行社联合体与其他供应商之间的各种业务往来。

通过旅行社 Extranet 系统，不仅可以实现在旅行社联合体内部各旅行社之间交换电子目录商情、签订业务合同或合作意向书、确认预订、报价等，还可以为其他相关旅游企业提供各种经营信息报告，进行信息交流。该系统的主要功能是管理和业务运营。

该系统的逻辑框架如图 11-8 所示。

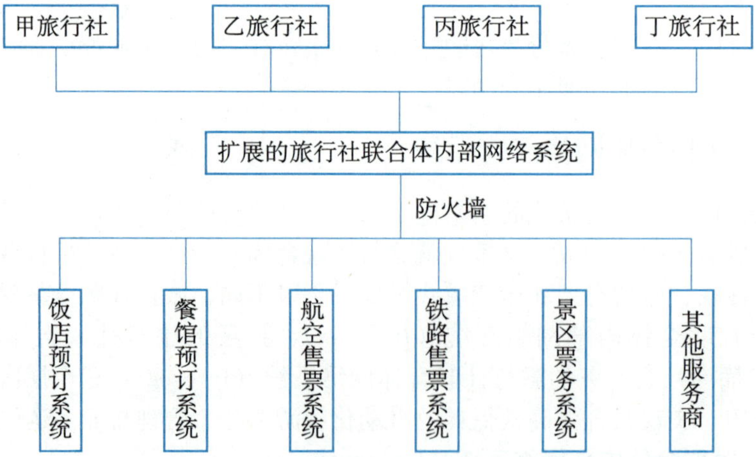

图 11-8　扩展的旅行社联合体内部网络系统逻辑框架

（三）面向社会服务的旅行社联合体公共网络系统（Internet）

该系统的主要作用是服务和业务运营，其系统逻辑框架如图 11－9 所示。

图 11－9　面向社会服务的旅行社联合体公共网络系统逻辑框架

旅行社联合体是中小旅行社未来发展的一个重要方向，要实现联合体的特有优势，使其能长期、稳定、高效地发展，网络技术的应用不可或缺。Internet、Intranet、Extranet相结合，构成完整意义上的旅行社电子商务系统，共同实现旅行社业务管理的现代化，是旅行社适应网络时代发展的必然结果，也是中小旅行社生存与发展的重要举措。

拓展练习

请分析旅行社联合体概念的内涵。

项目答疑解惑

旅游电子商务体系是构建旅游电子商务的基础业务系统，由旅游机构（旅游企业和旅游目的地营销机构）、使用互联网的旅游者、旅游信息化组织、电子商务服务商以及提供支付服务的机构共同组成，在旅游产业经济环境、技术环境、社会环境和法律法规环境允许的层面开展旅游在线业务。

项目小结

本项目讲述了旅游电子商务的定义，旅游电子商务体系的构成、特点和功能，旅行社计调、外联信息管理系统的结构、功能，旅行社联合体的相关知识。通过对本项目的学习，可以正确认识电子商务在旅行社经营中的重要性，掌握旅行社计调和外联业务中运用电子信息管理系统的基础知识和基本技能。

实训练习

一、选择题（可多选）

1. 旅游电子商务体系具有（　　）功能。

A. 信息流　　B. 物流　　C. 资金流　　D. 旅游流

2. 旅游产品设计与营销子系统有（　　）。

A. 旅游信息管理子系统　　B. 外联子系统

C. 导游管理子系统　　D. 计划调度子系统

3. 主要拥有数据输入、存储、查询、分析、打印、输出和维护等功能，是其他子系统的基础的是（　　）。

A. 旅游信息管理子系统　　B. 外联子系统

C. 导游管理子系统　　D. 计划调度子系统

4. 根据旅行社联合体的类型和运营模式及发展阶段不同，旅行社联合体网络经营系统平台可分为（　　）三个层次。

A. 旅行社联合体内部网络系统　　B. 扩展的旅行社联合体内部网络系统

C. 旅行社联合体前台　　D. 面向社会服务的旅行社联合体网络系统

E. 旅行社联合体后台

二、案例分析题

携程旅行网是中国第一家在美国纳斯达克上市的网络旅游公司，在收购北京订房订票中心后，形成“酒店＋机票”的主营业务，成为国内最大的综合性旅游营销网站。其目标市场是商务散客，以提供在线订房、订机票和出售高端旅游线路为主，其利润来源主要是订房、订票的佣金。携程旅行网建有全亚洲最大的旅游呼叫中心，并成功地运用IT技术和集中式呼叫中心搭建起虚拟服务网络，设立了国内领先的预订服务系统，其具有的高效率加上规模效应大大降低了服务成本。携程网具有方便、及时、廉价的优势，因而很受商务客人的欢迎，每天为全国数万人服务，年利润上亿元，成为中国大型在线旅游营运商之一。

问题：

根据案例内容指出电子商务在旅行社的作用。（《案例研讨表》见附录四）

项目十二

计调与外联人员的管理

问题导入

在实际工作中我们往往会犯这样的错误：管理者看到一位员工常常加班，另一位员工每天都准时下班，于是管理者便依照自己的思维模式做出判断，认为准时下班的员工配合度不够，工作不敬业，而常常加班的员工工作勤勉，有奉献精神。然而，事实未必如管理者所想，有可能是常常加班的员工工作方式不对，效率不高，也可能是工作量分配不均……所以管理者必须提醒自己：在对待员工时要保持公平、公正，要进行理性分析。

任务导读

计调和外联人员的管理是指旅行社根据岗位需求计划，通过招聘、选拔、培训等方式获得合格的计调与外联人员，并在岗位中对其进行业绩评估，同时给予相应工资和福利待遇的一系列活动，它是旅行社人力资源管理的核心内容，对于提高旅游企业绩效和管理水平具有重要的意义。

学习目标

1. 掌握旅行社计调与外联人员招聘、培训、绩效考评和激励的方法；
2. 认识旅行社计调与外联人员管理的基本意义。

任务一　计调与外联人员的招聘

案例导入

旅行社要招聘计调和外联人员，经理让小明制订一份招聘计划，择日到旅游院校进行宣传。小明在校园内见过很多招聘广告，马上依葫芦画瓢，在电脑上草拟了一个招聘广告交给经理。经理一看傻了眼，很不高兴地责问小明："难道你连什么叫招聘计划都不懂吗？"小明顿时羞红了脸。

案例设问： 什么叫招聘计划？它包括哪些内容？

知识探究

计调与外联人员招聘包括制订招聘计划、挑选应聘人员和正式录用三个阶段，工作的重点在于前面两个阶段。

一、制订招聘计划

旅行社人力资源管理部门首先应根据旅行社的经营目标，确定计调与外联人员需求的数量和应具备的岗位素质，据此制订出详尽的招聘计划。

（一）岗位设计与职位分析

岗位设计是依据业务工作内容、工作方法、工作职能和工作关系而制定的岗位分类。计调岗位主要包括信息员、联络员、订房员、订票员、内勤业务员等，外联岗位主要包括市场调研员、计划统计员、产品销售员等。招聘计划应明确招聘什么岗位的员工，但中小旅行社或经营专线旅游的计调和外联岗位不宜设置过细。

职位分析是对各个岗位的任务、责任、性质和任职条件进行分析并做出明确的规定。对于计调人员来讲，应注重信息收集、思维创新和相互协作的能力，而外联人员则宜以人际交往能力和产品销售能力为主。

（二）招聘计划的内容

通过岗位设计与职位分析，可以明确旅行社计调和外联人员岗位特点、应聘条件等要素。招聘人员可以在此基础上制订出详尽的招聘计划，内容包括：(1) 人员需求清单，包括招聘的职位名称、人数、任职资格要求等；(2) 招聘小组人选，包括小组人员姓名、职务、各自的职责；(3) 招聘信息发布的时间和渠道，招聘截止的日期；(4) 应聘者的考核方案，包括考核的形式、内容和招聘工作时间表；(5) 招聘预算，包括资料费、广告费等；(6) 新员工的上岗时间。

当招聘计划上报主管领导批准后，招聘人员即可按计划发布招聘信息，正式启动招聘程序。

二、挑选应聘人员

明确了用人要求以后，旅行社就可以有针对性地挑选和录用合适的计调和外联人员了。

（一）挑选的方式

1. 履历表挑选方式

通常要求应聘者提交个人履历表（内含工作意向、个人特长、学历、学位、工作经验和照片等），旅行社还须对基本符合要求的人选进行深入面谈，以考察应聘者的能力是否与履历表上所述的一致，应聘者是否具备从事计调或外联工作的素质和能力。

2. 直接挑选方式

一般是通过笔试、面试和综合测试，对应聘者进行较为全面而深入的考察，然后决定是否录用。

（二）计调人员的选用

计调人员的选用应注意运用恰当的方法与程序。

1. 明确担任计调工作人员的必备条件

计调人员的必备条件可按照计调人员岗位职责和计调人员职业素质的要求来制定；如果选聘计调部经理，还要求具有较高的谈判技巧、较强的风险意识和法律意识以及人际沟通能力；必要时可以要求具备一定时期的相关岗位工作经历。

2. 重视业务能力的选拔

一般都要求计调人员熟悉旅游团队运作情况，掌握固定线路协作单位的相关信息，有票务运作经验。在设计测试内容时，应注意将这些方面的能力考察包括其中。

3. 根据测试结果确定最佳人选

测试不是选拔最优秀的人才，而是选出最合适的人才。测试结束后，旅行社根据测试（或面试）结果进行整理和比较分析，做出最终的选择。

（三）外联人员的选用

旅行社外联人员素质关系到促销工作的成效，外联人员的选用应当遵循下述程序。

1. 确定外联人员的岗位要求

具有 2～3 年的旅游工作实践经验；对旅游市场具有敏锐的观察力；了解旅游客源市场的变化规律；掌握旅游产品设计、制作、定价、销售的基本运作程序及其相关知识；具有较强的工作和应变能力，熟悉国内和国际旅游业相关政策法规，善于与客户沟通交流。

2. 确定招聘方式

可以外部招聘，也可以在旅行社内部招聘。外部招聘面广，可以招聘到行业精英。内部招聘有助于招聘到较为熟悉企业情况的员工，可以增强员工对企业的忠诚度。

3. 评估并确定最终人选

综合选择工作能力强、办事干练、社会关系丰富的人员。

拓展练习

1. 请撰写一份到旅行社计调或外联岗位应聘的自荐信。

2. 将同学分组，模拟旅行社计调与外联岗位招聘与应聘的过程。

任务二　计调与外联人员的培训

案例导入

旅行社要对新入职的计调和外联人员进行岗前培训，要求计调部经理和外联部经理分别用半天时间介绍计调和外联业务内容。两位经理很犯愁，计调和外联业务涉及的内容太多，哪是半天时间能够讲完的呢？而且即使讲完了，效果也不会好，培训就如同走过场。计调部和外联部经理找到人力资源部经理商量，发现人力资源部经理也对如何培训这批新入职业务人员头疼，短短三天岗前培训时间，要让这样一群初出茅庐的学生迅速掌握旅行社相关知识和岗位要求是很困难的事。三位经理绞尽脑汁想，究竟这三天时间安排什么培训内容更有针对性呢？

案例设问：计调与外联人员培训是常态化工作，旅行社应当如何有序安排培训并取得实效呢？

知识探究

人员培训是旅行社人力资源管理的一项长期工作。培训内容涵盖企业文化、企业价值观念以及相关业务知识与技能，培训目的是增加企业凝聚力，提升业务水平。计调和外联部门员工培训工作关乎旅行社的生死存亡，应当高度重视。

一、培训内容

旅行社计调与外联员工培训有三方面：思想觉悟和职业道德培训；业务技能培训；相关业务知识培训。

（一）思想觉悟和职业道德培训

计调与外联人员的思想觉悟和职业道德培训是旅行社业务培训的重要内容。通过培训，务必使计调与外联人员了解本企业的经营目标和经营理念，树立主人翁意识和职业荣誉感，敬业爱岗，增强员工团队意识与合作精神，自觉维护国家利益和企业形象。

（二）业务技能培训

1. 针对计调人员进行业务技能和协作意识的培训

培训计调人员善于把握成本控制与团队运作效果之间的有机关系，熟悉旅游市场变化情况，能够及时响应外联业务需要，在保证团队良好运作的前提下，迅速采购到成本合理的旅游产品，同时，善于协调与旅行社其他部门尤其是与旅游供应商的关系，善于控制成本，自觉提高计调工作质量，为游客提供更及时、更周到的旅游服务。

2. 针对外联人员进行线路设计和市场营销能力的培训

培训外联人员独立工作能力、应变能力和谈判技巧，尤其注意加强对外联人员业务创新能力的培养。

（三）相关业务知识培训

要求计调人员必须熟悉吃、住、行、游、购、娱六大要素运作情况和旅游目的地情况，外联人员必须熟悉相关法律法规，了解客户信息和国际国内政治、经济状况，能够随机而动，适时创新。

二、培训方式

计调和外联人员的培训方式多种多样，旅行社可以综合采用岗前培训、岗位培训，脱产培训、在岗培训、基础知识培训和专题性培训等不同方式，关键是要达到实效。

拓展练习

1. 组织学生观看职场相关影片，体会职场中终身学习的重要性。
2. 针对旅行社岗位和业务内容，模拟设计一份新进人员培训计划。

任务三　计调与外联人员的绩效考评

案例导入

某旅行社经营不力，欲聘请一位分管计调与外联业务的副总经理，要求具有较好的产品开发能力和市场开拓能力，能率领旅行社尽快找到自己的市场定位并走出困境。一位在本行业从业已久且被业内公认为战略家和营销专家的张先生脱颖而出，他比其他候选人更清楚地了解旅行社技术、产品和客户需求，因此成功入选。但是他上任之后不到半年，旅行社经营状况却变得更加糟糕，甚至一些老的客户也丧失了。

董事会调研发现，新任副总经理虽然业务熟练，但谈判能力和处理人际关系能力较差，工作中过于强势，造成与下属关系不和谐，与同行关系紧张，使旅行社经营环境恶化，业务大幅下滑。董事会只好新聘了一位副总经理。这位副总尽管业务经验不如前者，但人缘好，社会关系广，有上市公司管理经验，上任后首先完善了计调部、外联部绩效考评制度，极大地激发了员工的工作热情，结果不到半年时间便使旅行社内部精诚团结，组团和接待业务有了较大增长。

案例设问：完善的旅行社绩效考评制度包括哪些内容？有什么作用？

知识探究

绩效考评是依据一定标准对员工的工作表现进行衡量与评价。恰当的绩效考评可以督促员工改进工作方法，提高工作效率。评估的结果可作为对员工进行奖惩的客观依据。

一、绩效考评的作用

（一）绩效考评是维持和提高工作效率的重要手段

旅行社通过对计调与外联人员进行绩效考评，奖勤罚懒，可以鼓励先进，鞭策落后，进而维持和提高工作效率。

（二）绩效考评为计调与外联人员职务和薪酬调整提供了客观依据

通过绩效考评，可以了解计调与外联人员对现任职务的胜任程度，这就为员工的调动、轮岗、晋升、降职、辞退等提供了客观、公正的依据。同时，将绩效考评结果和计调与外联人员的工资、奖金及福利有机地结合，还能使他们感觉公平合理，进而提高对工作的满意度。

（三）绩效考评为管理者与员工的沟通搭建了最佳平台

绩效考评为管理者和业务人员之间创造了一个正式的沟通机会。利用这个机会，管理者可以了解到计调与外联人员的实际工作状况及造成这种状况的深层次的原因，计调与外联人员也可以了解到管理者的管理思路和工作计划。考评沟通促进了管理者与业务人员的相互了解和信任，提高了管理的透明度和工作效率。

（四）绩效考评可为企业调整人才经营战略提供参考

通过绩效考评，企业管理者和人力资源部门可以及时准确地获得员工工作信息，并通过对这些信息进行整理和分析及时发现管理的不足，为改进企业管理工作、调整人才战略奠定科学的基础。

二、绩效考评的种类

旅行社对计调与外联人员进行绩效考评时，常采用的考评方式有下述四种。

（一）职务考评

职务考评主要考察计调与外联员工对本职工作的熟练程度和工作适应能力，以决定是否需要调动工作或调整职务。

（二）奖金考评

奖金考评是对超额劳动的报酬，奖金考评实际上是对计调与外联员工工作成绩的客观评定。

（三）提薪考评

提薪考评的结果虽也会影响计调与外联员工的收入，但它与奖金考评不同。奖金考评是回顾性的，是根据被考评者过去的工作成绩决定报酬的多少；提薪考评则是展望性的，是预计被考评者今后可能发挥多大的作用，以决定未来相应的工资水平。提薪考评既然是预计今后可能的贡献，当然要参考过去的工作成绩，同时还要对工作能力的提高程度做出评价。

（四）晋升考评

这是对计调与外联员工的一种特殊考评，由于晋升职位关系到旅行社管理队伍的素质和旅行社发展的前景，因此历来受到旅行社高度重视。晋升考评是对计调与外联员工进行的全面、综合性考评，其主要依据是平时积累的业绩资料，也可以进行选拔性考试。

三、绩效考评的实际运作

（一）计调人员的绩效考评

对计调人员的评估一般采取指数评估的方式，以计调工作量加团队反馈质量作为评估指数实施评估。这种评估本质上就是对计调人员工作的质和量的总结。计调人员应该在绩效考评的过程中，总结工作经验和教训，以求获得更好的业绩。

（二）外联人员的绩效考评

对外联人员的评估一般采取量化评估的方式，是以销售量作为评估的主要依据进行评估，但应结合外联人员的主观能力和外联业务的客观效果来综合考察，考核的标准既要有定性的，也要有定量的，以便激发员工的积极性。

拓展练习

1. 针对计调和外联人员绩效考评要求各制定一份考评方案。
2. 请旅行社人力资源部经理来校与同学们座谈旅行社绩效考评工作。

任务四　计调与外联人员的薪酬管理与激励

案例导入

小张是新入职的计调人员，能得到这份工作很不容易，小张很珍惜也很自豪，工作非常努力，但第一个月工资发下来，小张心里顿时凉了半截，拿到手才 2 800 元，这怎么生活啊？人人羡慕的旅行社计调师就这点收入？再看左右同事，比自己也多不到哪儿去，但工作热情依然高昂，这是为什么呢？经理告诉他，计调人员实行绩效工资制，基本工资只是收入的一部分，最终收入还要根据部门和个人的业绩决定，只有创造好的业绩，才会有更高的收入。小张明白过来，对待工作的态度更加认真，也更主动地去思考如何开发新产品、如何降低采购成本，他的工作得到了同事们的一致好评，收入也逐步增加。

案例设问：作为一线的员工我们应该怎样理解和认识绩效考核，并用来鞭策自己的工作？

知识探究

薪酬是激励员工卓有成效地工作、最终达到企业目标的主要手段。旅行社计调与外联人员的薪酬管理，是旅行社人员管理中最受关注的内容之一，若处理不慎，极有可能挫伤旅行社计调与外联人员的工作热情，影响旅行社经营的实效。

一、旅行社确定员工薪酬的主要依据

（一）遵守法律法规的相关规定

我国《劳动法》规定，企业用工必须签订正式的合同，为劳动者提供不低于当地最低工资标准的薪酬，并购买必要的社会福利和保险（养老保险、医疗保险、失业保险、工伤保险、生育保险和住房公积金）。

（二）劳动力市场的供求状况

表面上看，不同的旅行社有不同的经营业绩，因而也就有不同的工资标准，但在充分竞争的市场环境下，任何一家旅行社所确定的工资标准，其实都会受到当地人才市场相同职位社会平均工资标准的制约，而这种平均工资与劳动力市场的供求状况是密不可分的。

（三）职位的相对价值

职位的相对价值即某一职位在旅行社岗位体系中的重要性，包括该职位的工作性质、工作经验、履行职责的风险、对旅行社利润的贡献度等因素，以此制定出差别薪酬。

（四）绩效考评的结果

绩效考评的结果即根据岗位职责的完成情况，实行奖优罚劣。

（五）旅行社的财务状况

旅行社的财务状况直接影响旅行社的薪酬水平，所谓“锅里有，碗里才会有”。当然，员工薪酬水平较低的旅行社，员工工作积极性低，人员流失率高，旅行社效益变差，最后恶性循环，员工的薪酬更低。

二、计调与外联人员的薪酬管理

（一）旅行社常用的工资制度

工资是劳动报酬的基本形式。过去我国旅行社长期采用固定的等级工资制度，不能完全体现劳动者的劳动价值。在旅行社改制后，相继出现了浮动工资制、承包工资制、结构工资制、岗位技能工资制等新型工资制度，使旅行社薪酬体制逐步多元化。

1. 等级工资制

等级工资制是根据员工技术等级、岗位等级或职务等级制定的级别工资制。技术等级主要针对有技术等级的专业技术人员，岗位等级针对技术复杂程度不高的普通岗位工作人员，职务等级则针对旅行社管理人员。

2. 浮动工资制

浮动工资制是在等级工资制度的基础上，把员工工资的一部分与岗位津贴或奖金结合在一起，按旅行社经营业绩和职工贡献大小而实行上下浮动的一种工资制度。

3. 承包工资制

承包工资制是把员工工资与既定的经济指标挂钩，根据部门或个人完成承包目标任务的情况而实行的一种浮动工资制度，实现了经济利益与经济责任的紧密结合。

4. 结构工资制

结构工资制是把工资分解为几个组成部分，各部分根据一定的标准确定分项工资标准，进而构成员工总工资的工资制度。结构工资一般由基本工资、岗位（或职务）工资、工龄工资、技术津贴等构成。

5. 岗位技能工资制

岗位技能工资制是以劳动技能、劳动责任、劳动强度和劳动条件为基础，把员工工资分为岗位工资和技能工资两部分，主要根据员工劳动数量和质量来确定员工工资的薪酬制度。它较为全面地反映了按岗位、按技能、按劳分配的原则，对调动员工工作积极性、提高旅游企业经济效益有一定的作用。

（二）计调与外联人员适用的薪酬制度

1. 计调人员适用的薪酬制度

计调是目前社会上相对比较紧缺并且在旅行社众多岗位中居于核心地位的职位，计调工作具有很强的创造性，需要从业人员具有丰富的专业知识和较强的专业技能，因此其薪酬水平理应较高。但目前计调人员没有技术等级，其工作性质也决定了不能采用承包制经营，因此比较适用的薪酬制度应该是结构工资制度、浮动工资制度和岗位技能工资制度，尤其是岗位技能工资制度，能够综合考虑计调人员的知识、技能和业绩等因素，对计调人员具有更强的激励作用。

2. 外联人员适用的薪酬制度

外联人员作为市场销售人员，其工作价值不可低估。由于外联人员的工作业绩可以量化，因此将其工资与绩效挂钩是非常不错的选择，浮动工资制、承包工资制均适用于外联人员，这意味着从事同样工作的员工可能会因为努力程度的不同而得到不同的薪酬，员工不一定要以竞争的方式争取更高职位来获得提薪，只要能出色地完成工作任务，就能达到加薪的目的。

三、计调与外联人员的激励

旅行社建立激励机制，目的是促进计调和外联人员更加努力地工作，提高经营业绩。

（一）旅行社常用的激励手段

1. 薪酬激励

薪酬作为旅行社人力资源管理中的重要内容，根本作用在于调动员工的积极性和创造性，为企业的发展提供强有力的人力资源保障。也就是说，薪酬应起到吸引来、留得住的激励作用，能激发起员工良好的工作动机，鼓励起员工创造优秀绩效的热情，使员工愿意在本企业努力工作。

薪酬的激励作用有长有短。短期作用是达到激发员工做好当前工作、实现优良绩效的目的；长期作用是体现企业对员工价值和地位的认可，培养员工对企业的认同感、归属感、忠诚心和责任心。

不过，薪酬虽然重要但并不是唯一的激励手段，旅行社还必须适时地采用其他激励手段，才能更好地实现激励的综合功效，调动计调与外联人员的工作积极性。

2. 榜样激励

旅游企业通过评选优秀计调人员、优秀外联人员、优秀业务部门的办法来实现的激励叫作榜样激励。榜样激励体现了目标动力的作用，榜样的力量是无穷的，大多数人都不甘落后，但往往不知怎么干，或在困难面前缺乏勇气。通过树立先进和典型，可以使计调与外联人员找到一面镜子、一把尺子和一根鞭子，增添克服困难、实现目标的决心和信心。

3. 培训激励

旅行社通过对优秀计调和外联人员进行高水平的培训，如高层次进修、海外考察学习等，既满足了计调与外联人员求知的欲望，提高其达成目标的能力，又能让其得到更多的认可、更高的职位和更好的待遇，有利于激励其更好地工作。

4. 制度激励

企业的各项规章制度都能起到奖勤罚懒的作用，可以激励员工遵守规章制度，多为企业做贡献。相反，如果员工有消极行为，就可能被旅行社辞退。

5. 荣誉激励

荣誉满足是员工“自我实现的需要”。荣誉激励是一种低成本、高效果的激励方法，旅行社通过对优秀计调与外联人员进行表彰甚至授予称号、给予奖励，能够起到认可其业绩和价值、满足其自尊的作用，达到激励的目的。

（二）激励计调与外联人员时应注意的事项

1. 物质激励不是万能的，但缺乏物质激励却是万万不能的

生存永远是人类的第一需要。因此，物质激励对于计调与外联人员来讲永远占有重要的位置。尽可能提高计调与外联人员薪酬待遇，用物质奖励优秀计调与外联人员，对于激励其更好地工作具有重要作用。

2. 遵循业绩与回报成正比的原则

通常情况下，当员工的经验、能力、努力，尤其是业绩大于旅行社所给予的薪酬和荣誉时，员工可能产生失落感，这是员工跳槽的主要原因；相反，如果员工的贡献小于所得到的回报，则会挫伤优秀员工工作的积极性。因此，旅行社应制定合理的薪酬制度和激励措施，使业绩与回报成正比，让计调与外联人员的努力得到合理的回报。

3. 关注被激励者的个性需求

旅行社在运用激励制度的过程中要考虑员工的个性需求，有的放矢。譬如，有的员工重视物质激励，有的员工重视荣誉激励，还有的员工重视职位的高低，这就导致员工对激励有不同的期望值。尽可能满足员工的期望值，是达到激励实效的重要因素。

4. 注重激励条件的合理性

旅行社为计调和外联人员制定的目标任务，或者确定的激励条件，不能高不可及，要给他们努力的空间，树立信心。如果计调与外联人员认为目标无法达到，或根本不值得努力，他们努力的程度就会降低，激励措施也就丧失了本来的意义。

拓展练习

1. 调研旅行社薪酬及为员工购买基本保险的现状，分析其原因和影响。
2. 假设你在旅行社工作，你应当如何看待自己工作的报酬？

项目答疑解惑

旅行社对员工的评价不能构建在“领导印象好坏”这一肤浅层面，应当制定科学的绩效评估体系，用制度管人，用绩效证明员工的能力和勤勉程度，体现公平、公开、公正的

用人理念，创造有利于旅行社提高社会和经济效益的用人环境。

项目小结

旅行社计调和外联人员的管理对于旅行社的整体运行十分重要。本项目具体探讨旅行社计调和外联人员招聘、培训、绩效考评、薪酬管理、激励制度的建立等问题，介绍了计调与外联人员招聘、培训、绩效考评、薪酬管理、激励的方法，这对于提高旅行社核心竞争力有积极意义。

实训练习

一、选择题

1. 人力资源管理的基础是（　　）。

A. 计调外联人员的选聘　　B. 岗位制定

C. 职务分析与岗位设计　　D. 职务升降

2. 旅行社计调和外联人员的培训方法有岗前培训、（　　）和专题性培训。

A. 岗位培训　　B. 脱产培训　　C. 在岗培训　　D. 基础知识培训

3. 对计调人员的评估宜采取（　　）的方式，而外联人员宜采取（　　）的方式。

A. 制度评估＋能力评估　　B. 指数评估＋量化评估

C. 能力评估＋销售评估　　D. 表现评估＋总结评估

4. （　　）是旅行社评价工作业绩、奖优罚劣的基本依据。

A. 能力评估　　B. 职位价值　　C. 岗位能力　　D. 绩效考评

二、案例分析题

某旅行社为了更好地应对市场竞争，提高资源配置能力，打破了原来根据地区划分部门的组织结构，而改以根据产品不同的类型特点分成了四个业务部。同时，为了充分调动各个业务部员工的积极性、留住骨干员工，使薪酬更具有激励性质，旅行社对四个业务部的工资体系进行了较大改革：首先，将业务部的业绩与业务部的收入总额挂钩；其次，在业务部内部实行二次分配，由业务部根据各自的效益自主分配；最后，员工工资主要采取固定工资加奖金的形式，固定工资主要包括基本工资、岗位工资，而奖金的分配则根据业务效益而定，与成本、利润挂钩。

新的薪酬制度基本实现了效益与收入挂钩的目的，但是在业务部内部却因为薪酬分配问题出现了不和谐的声音。员工A认为，目前奖金不是根据员工个人表现，而是根据岗位工资等级进行分配的，相同等级员工不管在这个项目中的实际贡献大小，只要干同一个项目，奖金都是一样的，没有与员工在项目中的实际贡献挂钩，这是不公平的；骨干员工B则认为，骨干员工在项目中发挥了关键作用，在项目中付出比较多，但拿的奖金与普通员工差不多，没有体现出骨干员工在项目中的重要作用。这些因素对一些优秀员工的工作积极性带来了较大的负面影响，甚至有的员工因此而辞职，给企业发展造成了很大影响。

问题：

请说明薪酬制度和绩效制度对旅行社管理的正反作用。（《案例研讨表》见附录四）

参考文献

1. 王宁．旅行社经营管理实务．北京：清华大学出版社，2020.
2. 赵利民．旅行社经营管理．4 版．北京：中国人民大学出版社，2020.
3. 周永振．旅游景区服务与管理案例．北京：中国旅游出版社，2020.
4. 范贞．旅行社计调业务．2 版．北京：清华大学出版社，2019.
5. 周晓梅．计调部操作实务．4 版．北京：旅游教育出版社，2019.
6. 王慧元，陶艳红．旅行社经营管理实务．北京：中国财富出版社，2019.
7. 戴斌，张杨．旅行社管理．4 版．北京：高等教育出版社，2018.
8. 王昆欣，牟丹．旅游景区服务与管理．3 版．北京：旅游教育出版社，2018.
9. 张春莲，盖艳秋．旅行社计调操作实务．北京：中国旅游出版社，2017.
10. 张野．当代旅行社业务与管理．北京：清华大学出版社，2016.
11. 吴应利，刘去．旅游企业人力资源管理．北京：中国旅游出版社，2016.
12. 戴斌．旅行社经营管理．北京：旅游教育出版社，2016.
13. 王季云，舒伯阳．旅行社标准化管理实务．北京：中国标准出版社，2015.
14. 张永幸．旅游销售业务．北京：旅游教育出版社，2014.
15. 杨晨晖．外联部操作实务．3 版．北京：旅游教育出版社，2014.
16. 叶娅丽，陈学春．旅行社计调实务．北京：北京大学出版社，2013.
17. 熊晓敏．旅行社 Sales 外联营销手册．北京：中国旅游出版社，2009.
18. 国家旅游局人事劳动教育司．旅行社销售部的业务与管理．北京：中国旅游出版社，1992.
19. 国家旅游局人事劳动教育司．旅行社计调部的业务与管理．北京：中国旅游出版社，1992.
20. 国家旅游局人事劳动教育司．旅行社接待部的业务与管理．北京：中国旅游出版社，1992.
21. 国家旅游局人事劳动教育司．旅行社综合业务部的业务与管理．北京：中国旅游出版社，1992.
22. 国家旅游局人事劳动教育司．旅行社人事培训部的业务与管理．北京：中国旅游出版社，1992.

附录

附录一　国内外主要城市航空代码表

城市名	航空代码	城市名	航空代码	城市名	航空代码
北京	PEK	贵阳	KWE	香港	HKG
上海	PVG（浦东） SHA（虹桥）	桂林	KWL	澳门	MFM
天津	TSN	乌鲁木齐	URC	墨尔本	MEL
重庆	CKG	拉萨	LXA	曼谷	BKK
包头	BAV	连云港	LYG	福冈	FUK
郑州	CGO	南京	NKG	吉隆坡	KUL
广州	CAN	绵阳	MIG	纽约	JFK
常德	CGD	宁波	NGB	巴黎	PAR
成都	CTU	沈阳	SHE	新加坡	SIN
长春	CGQ	南宁	NNG	法兰克福	FRA
长沙	CSX	石家庄	SJW	新德里	DEL
延安	ENY	深圳	SZX	悉尼	SYD
张家界	DYG	西安	XIY	东京（成田）	NRT
大连	DLC	三亚	SYX	首尔	SEL
呼和浩特	HET	黄山	TXN	开罗	BZV
福州	FOC	青岛	TAO	巴厘岛	DPS
海口	HAK	济南	TNA	柏林	BGO
乌兰浩特	HLH	厦门	XMN	迪拜	DXB
合肥	HFE	太原	TYN	伦敦	LON
杭州	HGH	武汉	WUN	洛杉矶	LAX
银川	INC	宜昌	YIH	莫斯科	MOW
哈尔滨	HRB	西宁	XNN	平壤	FNJ
景德镇	JDZ	徐州	XUZ	德黑兰	THR
北海	BHY	珠海	ZUH	苏黎世	ZRH
南昌	KHN	烟台	YNT	日内瓦	GVA
昆明	KMG	湛江	ZHA		
兰州	LHW	台北	TPE		

附录二　2014 年版《团队境内旅游合同（示范文本）》

GF-2014-2401

团队境内旅游合同
（示范文本）

国　家　旅　游　局
　　　　　　　　　　　制定
国家工商行政管理总局

二〇一四年四月

使 用 说 明

1. 本合同为示范文本，供中华人民共和国境内（不含港、澳、台地区）旅行社与旅游者之间签订团队境内包价旅游合同时使用（不含赴港、澳、台地区旅游及边境游）。

2. 双方当事人应当结合具体情况选择本合同协议条款中所提供的选择项，空格处应当以文字形式填写完整。

3. 双方当事人可以以书面形式对本示范文本内容予以变更或者补充，但变更或者补充的内容，不得减轻或者免除应当由旅行社承担的责任。

4. 本示范文本由国家旅游局和国家工商行政管理总局共同制定、解释，在全国范围内推行使用。

团队境内旅游合同

合同编号：________________

旅游者：__________等____人（名单可附页，需旅行社和旅游者代表签字盖章确认）；
旅行社：____；
旅行社业务经营许可证编号：______________________。

第一章　术语和定义

第一条　本合同术语和定义

1. 团队境内旅游服务，指旅行社依据《中华人民共和国旅游法》《旅行社条例》等法律、法规，组织旅游者在中华人民共和国境内（不含香港、澳门、台湾地区）旅游，代订公共交通客票，提供餐饮、住宿、游览等两项以上服务活动。

2. 旅游费用，指旅游者支付给旅行社，用于购买本合同约定的旅游服务的费用。

旅游费用包括：

（1）交通费；

（2）住宿费；

（3）餐费（不含酒水费）；

（4）旅行社统一安排的景区景点门票费；

（5）行程中安排的其他项目费用；

（6）导游服务费；

（7）旅行社（含地接社）的其他服务费用。

旅游费用不包括：

（1）旅游者投保的人身意外伤害保险费用；

（2）合同未约定由旅行社支付的费用，包括但不限于行程以外非合同约定活动项目所需的费用、自行安排活动期间发生的费用；

（3）行程中发生的旅游者个人费用，包括但不限于交通工具上的非免费餐饮费、行李超重费，住宿期间的洗衣、电话、饮料及酒类费，个人娱乐费用，个人伤病医疗费，寻找个人遗失物品的费用及报酬，个人原因造成的赔偿费用。

3. 履行辅助人，指与旅行社存在合同关系，协助其履行本合同义务，实际提供相关服务的法人、自然人或者其他组织。

4. 自由活动，特指《旅游行程单》中安排的自由活动。

5. 自行安排活动期间，指《旅游行程单》中安排的自由活动期间、旅游者不参加旅游行程活动期间、每日行程开始前、结束后旅游者离开住宿设施的个人活动期间、旅游者经导游同意暂时离团的个人活动期间。

6. 不合理的低价，指旅行社提供服务的价格低于接待和服务费用或者低于行业公认的合理价格，且无正当理由和充分证据证明该价格的合理性。其中，接待和服务费用主要包括旅行社提供或者采购餐饮、住宿、交通、游览、导游等服务所支出的费用。

7. 具体购物场所，指购物场所有独立的商号以及相对清晰、封闭、独立的经营边界和明确的经营主体，包括免税店，大型购物商场，前店后厂的购物场所，景区内购物场所，景区周边或者通往景区途中的购物场所，服务旅游团队的专门商店，商品批发市场和与餐饮、娱乐、停车休息等相关联的购物场所等。

8. 旅游者投保的人身意外伤害保险，指旅游者自己购买或者通过旅行社、航空机票代理点、景区等保险代理机构购买的以旅行期间自身的生命、身体或者有关利益为保险标的的短期保险，包括但不限于航空意外险、旅游意外险、紧急救援保险、特殊项目意外险。

9. 离团，指团队旅游者经导游同意不随团队完成约定行程的行为。

10. 脱团，指团队旅游者未经导游同意脱离旅游团队，不随团队完成约定行程的行为。

11. 转团，指由于未达到约定成团人数不能出团，旅行社征得旅游者书面同意，在行程开始前将旅游者转至其他旅行社所组的境内旅游团队履行合同的行为。

12. 拼团，指旅行社在保证所承诺的服务内容和标准不变的前提下，在签订合同时经旅游者同意，与其他旅行社招徕的旅游者拼成一个团，统一安排旅游服务的行为。

13. 不可抗力，指不能预见、不能避免并不能克服的客观情况，包括但不限于因自然原因和社会原因引起的，如自然灾害、战争、恐怖活动、动乱、骚乱、罢工、突发公共卫生事件、政府行为。

14. 已尽合理注意义务仍不能避免的事件，指因当事人故意或者过失以外的客观因素引发的事件，包括但不限于重大礼宾活动导致的交通堵塞，飞机、火车、班轮、城际客运班车等公共客运交通工具延误或者取消，景点临时不开放。

15. 必要的费用，指旅行社履行合同已经发生的费用以及向地接社或者履行辅助人支付且不可退还的费用，包括乘坐飞机（车、船）等交通工具的费用（含预订金）、饭店住宿费用（含预订金）、旅游观光汽车的人均车租等。

16. 公共交通经营者，指航空、铁路、航运客轮、城市公交、地铁等公共交通工具经营者。

第二章　合同的订立

第二条　旅游行程单

旅行社应当提供带团号的《旅游行程单》（以下简称《行程单》），经双方签字或者盖章确认后作为本合同的组成部分。《行程单》应当对如下内容作出明确的说明：

（1）旅游行程的出发地、途经地、目的地、结束地，线路行程时间和具体安排（按自然日计算，含乘飞机、车、船等在途时间，不足 24 小时以一天计）；

（2）地接社的名称、地址、联系人和联系电话；

（3）交通服务安排及其标准（明确交通工具及档次等级、出发时间以及是否需中转等信息）；

（4）住宿服务安排及其标准（明确住宿饭店的名称、地点、星级，非星级饭店应当注明是否有空调、热水、独立卫生间等相关服务设施）；

（5）用餐（早餐和正餐）服务安排及其标准（明确用餐次数、地点、标准）；

（6）旅行社统一安排的游览项目的具体内容及时间（明确旅游线路内容包括景区点及游览项目名称等，景区点停留的最少时间）；

（7）自由活动的时间；

（8）行程安排的娱乐活动（明确娱乐活动的时间、地点和项目内容）；

《行程单》用语须准确清晰，在表明服务标准用语中不应当出现“准×星级”“豪华”“仅供参考”“以××为准”“与××同级”等不确定用语。

第三条　订立合同

旅游者应当认真阅读本合同条款、《行程单》，在旅游者理解本合同条款及有关附件后，旅行社和旅游者应当签订书面合同。

由旅游者的代理人订立合同的，代理人需要出具被代理的旅游者的授权委托书。

第四条　旅游广告及宣传品

旅行社的旅游广告及宣传品应当遵循诚实信用的原则，其内容符合《中华人民共和国合同法》要约规定的，视为本合同的组成部分，对旅行社和旅游者双方具有约束力。

第三章　合同双方的权利义务

第五条　旅行社的权利

1. 根据旅游者的身体健康状况及相关条件决定是否接纳旅游者报名参团。

2. 核实旅游者提供的相关信息资料。

3. 按照合同约定向旅游者收取全额旅游费用。

4. 旅游团队遇紧急情况时，可以采取安全防范措施和紧急避险措施并要求旅游者配合。

5. 拒绝旅游者提出的超出合同约定的不合理要求。

6. 要求旅游者对在旅游活动中或者在解决纠纷时损害旅行社合法权益的行为承担赔偿责任。

7. 要求旅游者健康、文明旅游，劝阻旅游者违法和违反社会公德的行为。

第六条　旅行社的义务

1. 按照合同和《行程单》约定的内容和标准为旅游者提供服务，不擅自变更旅游行程安排。

2. 向合格的供应商订购产品和服务。

3. 不以不合理的低价组织旅游活动。诱骗旅游者，并通过安排购物或者另行付费旅游项目获取回扣等不正当利益。

组织、接待旅游者，不指定具体购物场所，不安排另行付费旅游项目，但是，经双方协商一致或者旅游者要求，且不影响其他旅游者行程安排的除外。

4. 在出团前如实告知具体行程安排和有关具体事项，具体事项包括但不限于所到旅游目的地的重要规定、风俗习惯；旅游活动中的安全注意事项和安全避险措施、旅游者不适合参加旅游活动的情形；旅行社依法可以减免责任的信息；应急联络方式以及法律、法规规定的其他应当告知的事项。

5. 按照合同约定，为旅游团队安排符合《中华人民共和国旅游法》《导游人员管理条例》规定的持证导游人员。

6. 妥善保管旅游者交其代管的证件、行李等物品。

7. 为旅游者发放用固定格式书写、由旅游者填写的安全信息卡（包括旅游者的姓名、血型、应急联络方式等）。

8. 旅游者人身、财产权益受到损害时，应当采取合理必要的保护和救助措施，避免旅游者人身、财产权益损失扩大。

9. 积极协调处理旅游行程中的纠纷，采取适当措施防止损失扩大。

10. 提示旅游者投保人身意外伤害保险。

11. 向旅游者提供发票。

12. 依法对旅游者个人信息保密。

13. 旅游行程中解除合同的，旅行社应当协助旅游者返回出发地或者旅游者指定的合理地点。

第七条 旅游者的权利

1. 要求旅行社按照合同及《行程单》约定履行相关义务。

2. 拒绝未经事先协商一致的转团、拼团行为。

3. 有权自主选择旅游产品和服务，有权拒绝旅行社未与旅游者协商一致或者未经旅游者要求而指定购物场所、安排旅游者参加另行付费旅游项目的行为，有权拒绝旅行社的导游强迫或者变相强迫旅游者购物、参加另行付费旅游项目的行为。

4. 在支付旅游费用时要求旅行社出具发票。

5. 人格尊严、民族风俗习惯和宗教信仰得到尊重。

6. 在人身、财产安全遇有危险时，有权请求救助和保护；人身、财产受到损害的，有权依法获得赔偿。

7. 在合法权益受到损害时向有关部门投诉或者要求旅行社协助索赔。

8. 《中华人民共和国旅游法》《中华人民共和国消费者权益保护法》和有关法律、法规赋予旅游者的其他各项权利。

第八条 旅游者的义务

1. 如实填写《旅游报名表》、游客安全信息卡等各项内容，告知与旅游活动相关的个人健康信息，并对其真实性负责，保证所提供的联系方式准确无误且能及时联系。

2. 按照合同约定支付旅游费用。

3. 遵守法律、法规和有关规定，不在旅游行程中从事违法活动，不参与色情、赌博和涉毒活动。

4. 遵守公共秩序和社会公德，尊重旅游目的地的风俗习惯、文化传统和宗教信仰，爱护旅游资源，保护生态环境，遵守《中国公民国内旅游文明行为公约》等文明行为规范。

5. 对国家应对重大突发事件暂时限制旅游活动的措施以及有关部门、机构或者旅游经营者采取的安全防范和应急处置措施予以配合。

6. 妥善保管自己的行李物品，随身携带现金、有价证券、贵重物品，不在行李中夹带。

7. 在旅游活动中或者在解决纠纷时，应采取措施防止损失扩大，不损害当地居民的合法权益；不干扰他人的旅游活动；不损害旅游经营者和旅游从业人员的合法权益，不采取拒绝上、下机（车、船）、拖延行程或者脱团等不当行为。

8. 自行安排活动期间，应当在自己能够控制风险的范围内选择活动项目，遵守旅游活动中的安全警示规定，并对自己的安全负责。

第四章　合同的变更与转让

第九条　合同的变更

1. 旅行社与旅游者双方协商一致，可以变更本合同约定的内容，但应当以书面形式由双方签字确认。由此增加的旅游费用及给对方造成的损失，由变更提出方承担；由此减少的旅游费用，旅行社应当退还旅游者。

2. 行程开始前遇到不可抗力或者旅行社、履行辅助人已尽合理注意义务仍不能避免的事件的，双方经协商可以取消行程或者延期出行。取消行程的，按照本合同第十四条处理；延期出行的，增加的费用由旅游者承担，减少的费用退还旅游者。

3. 行程中遇到不可抗力或者旅行社、履行辅助人已尽合理注意义务仍不能避免的事件，影响旅游行程的，按以下方式处理：

（1）合同不能完全履行的，旅行社经向旅游者作出说明，旅游者同意变更的，可以在合理范围内变更合同，因此增加的费用由旅游者承担，减少的费用退还旅游者；

（2）危及旅游者人身、财产安全的，旅行社应当采取相应的安全措施，因此支出的费用，由旅行社与旅游者分担；

（3）造成旅游者滞留的，旅行社应采取相应的安置措施。因此增加的食宿费用由旅游者承担，增加的返程费用双方分担。

第十条　合同的转让

旅游行程开始前，旅游者可以将本合同中自身的权利义务转让给第三人，旅行社没有正当理由的不得拒绝，并办理相关转让手续，因此增加的费用由旅游者和第三人承担。

正当理由包括但不限于：对应原报名者办理的相关服务不可转让给第三人的；无法为第三人安排交通等情形的；旅游活动对于旅游者的身份、资格等有特殊要求的。

第十一条　不成团的安排

当旅行社组团未达到约定的成团人数不能成团时，旅游者可以与旅行社就如下安排在本合同第二十三条中做出约定：

1. 转团：旅行社可以在保证所承诺的服务内容和标准不降低的前提下，经事先征得旅游者书面同意，委托其他旅行社履行合同，并就受委托出团的旅行社违反本合同约定的行为先行承担责任，再行追偿。旅游者和受委托出团的旅行社另行签订合同的，本合同的权利义务终止。

2. 延期出团和改变线路出团：旅行社经征得旅游者书面同意，可以延期出团或者改为其他线路出团，因此增加的费用由旅游者承担，减少的费用旅行社予以退还。需要时可以重新签订旅游合同。

第五章　合同的解除

第十二条　旅行社解除合同

1. 未达到约定的成团人数不能成团时，旅行社解除合同的，应当采取书面等有效形式。旅行社在行程开始前7日（按照出发日减去解除合同通知到达日的自然日之差计算，下同）以上（含第7日，下同）提出解除合同的，不承担违约责任，旅行社向旅游者退还已收取的全部旅游费用；旅行社在行程开始前7日以内（不含第7日，下同）提出解除合同的，除向旅游者退还已收取的全部旅游费用外，还应当按本合同第十七条第1款的约定，承担相应的违约责任。

2. 旅游者有下列情形之一的，旅行社可以解除合同：

（1）患有传染病等疾病，可能危害其他旅游者健康和安全的；

（2）携带危害公共安全的物品且不同意交有关部门处理的；

（3）从事违法或者违反社会公德的活动的；

（4）从事严重影响其他旅游者权益的活动，且不听劝阻、不能制止的；

（5）法律、法规规定的其他情形。

旅行社因上述情形解除合同的，应当以书面等形式通知旅游者，按照本合同第十五条相关约定扣除必要的费用后，将余款退还旅游者。

第十三条　旅游者解除合同

1. 未达到约定的成团人数不能成团时，旅游者既不同意转团，也不同意延期出行或者改签其他线路出团的，旅行社应及时发出不能成团的书面通知，旅游者可以解除合同。旅游者在行程开始前7日以上收到旅行社不能成团通知的，旅行社不承担违约责任，向旅游者退还已收取的全部旅游费用；旅游者在行程开始前7日以内收到旅行社不能成团通知的，按照本合同第十七条第1款相关约定处理。

2. 除本条第1款约定外，在旅游行程结束前，旅游者亦可以书面等形式解除合同。旅游者在行程开始前7日以上提出解除合同的，旅行社应当向旅游者退还全部旅游费用；旅游者在行程开始前7日以内和行程中提出解除合同的，旅行社按照本合同第十五条相关约定扣除必要的费用后，将余款退还旅游者。

3. 旅游者未按约定时间到达约定集合出发地点，也未能在出发中途加入旅游团队的，视为旅游者解除合同，按照本合同第十五条相关约定处理。

第十四条　因不可抗力或者已尽合理注意义务仍不能避免的事件解除合同

因不可抗力或者旅行社、履行辅助人已尽合理注意义务仍不能避免的事件，影响旅游行程，合同不能继续履行的，旅行社和旅游者均可以解除合同；合同不能完全履行，旅游者不同意变更的，可以解除合同。合同解除的，旅行社应当在扣除已向地接社或者履行辅助人支付且不可退还的费用后，将余款退还旅游者。

第十五条　必要的费用扣除

1. 旅游者在行程开始前7日以内提出解除合同或者按照本合同第十二条第2款约定由旅行社在行程开始前解除合同的，按下列标准扣除必要的费用：

行程开始前6日至4日，按旅游费用总额的20%；

行程开始前3日至1日，按旅游费用总额的40%；

行程开始当日，按旅游费用总额的60%。

2. 在行程中解除合同的，必要的费用扣除标准为：

旅游费用×行程开始当日扣除比例+（旅游费用−旅游费用×行程开始当日扣除比例）÷旅游天数×已经出游的天数。

如按上述第1款或者第2款约定比例扣除的必要的费用低于实际发生的费用，旅游者按照实际发生的费用支付，但最高额不应当超过旅游费用总额。

解除合同的，旅行社扣除必要的费用后，应当在解除合同通知到达日起5个工作日内为旅游者办结退款手续。

第十六条　旅行社协助旅游者返程及费用承担

旅游行程中解除合同的，旅行社应协助旅游者返回出发地或者旅游者指定的合理地点。因旅行社或者履行辅助人的原因导致合同解除的，返程费用由旅行社承担；行程中按照本合同第十二条第2款、第十三条第2款约定解除合同的，返程费用由旅游者承担；按照本合同第十四条约定解除合同的，返程费用由双方分担。

第六章　违约责任

第十七条　旅行社的违约责任

1. 旅行社在行程开始前7日以内提出解除合同的，或者旅游者在行程开始前7日以内收到旅行社不能成团通知，不同意转团、延期出行和改签线路解除合同的，旅行社向旅游者退还已收取的全部旅游费用，并按下列标准向旅游者支付违约金：

行程开始前6日至4日，支付旅游费用总额10%的违约金；

行程开始前3日至1日，支付旅游费用总额15%的违约金；

行程开始当日，支付旅游费用总额20%的违约金。

如按上述比例支付的违约金不足以赔偿旅游者的实际损失，旅行社应当按实际损失对旅游者予以赔偿。

旅行社应当在取消出团通知或者旅游者不同意不成团安排的解除合同通知到达日起5个工作日内，为旅游者办结退还全部旅游费用的手续并支付上述违约金。

2. 旅行社未按合同约定提供服务，或者未经旅游者同意调整旅游行程（本合同第九条第3款规定的情形除外），造成项目减少、旅游时间缩短或者标准降低的，应当依法承担继续履行、采取补救措施或者赔偿损失等违约责任。

3. 旅行社具备履行条件，经旅游者要求仍拒绝履行本合同义务的，旅行社向旅游者支付旅游费用总额30%的违约金，旅游者采取订同等级别的住宿、用餐、交通等补救措施的，费用由旅行社承担；造成旅游者人身损害、滞留等严重后果的，旅游者还可以要求旅行社支付旅游费用一倍以上三倍以下的赔偿金。

4. 未经旅游者同意，旅行社转团、拼团的，旅行社应向旅游者支付旅游费用总额25%的违约金；旅游者解除合同的，旅行社还应向未随团出行的旅游者退还全部旅游费用，向已随团出行的旅游者退还尚未发生的旅游费用。如违约金不足以赔偿旅游者的实际损失，旅行社应当按实际损失对旅游者予以赔偿。

5. 旅行社有以下情形之一的，旅游者有权在旅游行程结束后30日内，要求旅行社为其办理退货并先行垫付退货货款，或者退还另行付费旅游项目的费用：

（1）旅行社以不合理的低价组织旅游活动，诱骗旅游者，并通过安排购物或者另行付费旅游项目获取回扣等不正当利益的；

（2）未经双方协商一致或者未经旅游者要求，旅行社指定具体购物场所或者安排另行付费旅游项目的。

6. 与旅游者出现纠纷时，旅行社应当采取积极措施防止损失扩大，否则应当就扩大的损失承担责任。

第十八条　旅游者的违约责任

1. 旅游者因不听从旅行社及其导游的劝告、提示而影响团队行程，给旅行社造成损失的，应当承担相应的赔偿责任。

2. 旅游者超出本合同约定的内容进行个人活动所造成的损失，由其自行承担。

3. 由于旅游者的过错，使旅行社、履行辅助人、旅游从业人员或者其他旅游者遭受损害的，旅游者应当赔偿损失。

4. 旅游者在旅游活动中或者在解决纠纷时，应采取措施防止损失扩大，否则应当就扩大的损失承担相应的责任。

5. 旅游者违反安全警示规定，或者对国家应对重大突发事件暂时限制旅游活动的措施、安全防范和应急处置措施不予配合，造成旅行社损失的，应当依法承担相应责任。

第十九条　其他责任

1. 由于旅游者自身原因导致本合同不能履行或者不能按照约定履行，或者造成旅游者人身损害、财产损失的，旅行社不承担责任。

2. 旅游者在自行安排活动期间人身、财产权益受到损害的，旅行社在事前已尽到必要警示说明义务且事后已尽到必要救助义务的，旅行社不承担赔偿责任。

3. 由于第三方侵害等不可归责于旅行社的原因导致旅游者人身、财产权益受到损害的，旅行社不承担赔偿责任。但因旅行社不履行协助义务致使旅游者人身、财产权益损失扩大的，旅行社应当就扩大的损失承担赔偿责任。

4. 由于公共交通经营者的原因造成旅游者人身损害、财产损失依法应承担责任的，旅行社应当协助旅游者向公共交通经营者索赔。

第七章　协议条款

第二十条　线路行程时间

出发时间__年__月__日__时，结束时间__年__月__日__时；共__天，饭店住宿__夜。

第二十一条　旅游费用及支付（以人民币为计算单位）

成人：__元/人，儿童（不满14岁）：__元/人；其中，导游服务费：__元/人；

旅游费用合计：____________________元。

旅游费用支付方式：________________。

旅游费用支付时间：________________。

第二十二条　人身意外伤害保险

1. 旅行社提示旅游者购买人身意外伤害保险；

2. 旅游者可以做以下选择：

□委托旅行社购买（旅行社不具有保险兼业代理资格的，不得勾选此项）：保险产品名称________________（投保的相关信息以实际保单为准）；

□自行购买；

□放弃购买。

第二十三条　成团人数与不成团的约定

成团的最低人数：________人。

如不能成团，旅游者是否同意按下列方式解决：

1. ______（同意或者不同意，打钩无效）旅行社委托______________旅行社履行合同；

2. ______（同意或者不同意，打钩无效）延期出团；

3. ______（同意或者不同意，打钩无效）改变其他线路出团；

4. ______（同意或者不同意，打钩无效）解除合同。

第二十四条　拼团约定

旅游者______（同意或者不同意，打钩无效）采用拼团方式拼至_________旅行社成团。

第二十五条　自愿购物和参加另行付费旅游项目约定

1. 旅游者可以自主决定是否参加旅行社安排的购物活动、另行付费旅游项目；

2. 旅行社可以在不以不合理的低价组织旅游活动、不诱骗旅游者、不获取回扣等不正当利益，且不影响其他旅游者行程安排的前提下，按照平等自愿、诚实信用的原则，与旅游者协商一致达成购物活动、另行付费旅游项目协议；

3. 购物活动、另行付费旅游项目安排应不与《行程单》冲突；

4. 地接社及其从业人员在行程中安排购物活动、另行付费旅游项目的，责任由订立本合同的旅行社承担；

5. 购物活动、另行付费旅游项目具体约定见《自愿购物活动补充协议》（附件 3）、《自愿参加另行付费旅游项目补充协议》（附件 4）。

第二十六条　争议的解决方式

本合同履行过程中发生争议，由双方协商解决；亦可向合同签订地的旅游质监执法机构、消费者协会、有关的调解组织等有关部门或者机构申请调解。协商或者调解不成的，按下列第________种方式解决：

1. 提交______________仲裁委员会仲裁；

2. 依法向人民法院起诉。

第二十七条　其他约定事项

未尽事宜，经旅游者和旅行社双方协商一致，可以列入补充条款（如合同空间不够，可以另附纸张，由双方签字或者盖章确认）。

____

____

第二十八条　合同效力

本合同一式____份，双方各持____份，具有同等法律效力，自双方当事人签字或者盖章之日起生效。

旅游者代表签字（盖章）：_____ 旅行社盖章：__________

证件号码：__________________ 签约代表签字（盖章）：____________

住　　址：__________________ 营业地址：______________

联系电话：__________________ 联系电话：______________

传　　真：__________________ 传　　真：______________

邮　　编：__________________ 邮　　编：______________

电子信箱：__________________ 电子信箱：______________

签约日期：____年____月____日 签约日期：____年____月____日

签约地点：__________________

旅行社监督、投诉电话：__________________

____省____市旅游质监执法机构：

投诉电话：__________

电子邮箱：__________

地　　址：__________

邮　　编：________

附件 1：旅游报名表

旅游线路及编号________________旅游者出团时间意向________________________

<table>
<tr><td>姓 名</td><td></td><td>性别</td><td></td><td>民族</td><td></td><td>出生日期</td><td></td></tr>
<tr><td colspan="2">身份证件号码</td><td colspan="3"></td><td colspan="2">联系电话</td><td></td></tr>
<tr><td colspan="2">身体状况</td><td colspan="6">（需注明是否有身体残疾、精神疾病、高血压、心脏病等健康受损病症、病史，是否为妊娠期妇女。）</td></tr>
<tr><td colspan="8">旅游者全部同行人名单及分房要求（所列同行人均视为旅游者要求必须同时安排出团）：
_____与_____同住，_____与_____同住，_____与_____同住，
_____与_____同住，_____与_____同住，_____与_____同住，
_____为单男/单女需要安排与他人同住，__________不占床位，
___________________全程要求入住单间（应当补交房费差额）。</td></tr>
<tr><td colspan="8">其他补充约定：

旅游者确认签名（盖章）：　　　　　　　　年　　月　　日</td></tr>
<tr><td>备注</td><td colspan="7">（年龄低于 18 周岁，需要提交家长书面同意出行书）</td></tr>
<tr><td colspan="8">以 下 各 栏 由 旅 行 社 工 作 人 员 填 写</td></tr>
<tr><td colspan="2">服务网点名称</td><td colspan="3"></td><td colspan="2">旅行社经办人</td><td></td></tr>
</table>

附件 2：带团号的《旅游行程单》

旅游者：（代表人签字）

旅行社：（盖章）
经办人：（签字）
年　月　日

附件 3：自愿购物活动补充协议

具体时间	地点	购物场所名称	主要商品信息	最长停留时间（分钟）	其他说明	旅游者签名同意
年　月　日　时						
年　月　日　时						
年　月　日　时						
年　月　日　时						
年　月　日　时						

旅行社经办人签名：________________

附件 4：自愿参加另行付费旅游项目补充协议

具体时间	地点	项目名称和内容	费用（元）	项目时长（分钟）	其他说明	旅游者签名同意
年　月　日　时						
年　月　日　时						
年　月　日　时						
年　月　日　时						
年　月　日　时						

旅行社经办人签名：________________

附录三　2014 年版《境内旅游组团社与地接社合同（示范文本）》

GF-2014-2411

境内旅游组团社与地接社合同
（示范文本）

国　家　旅　游　局
制定
国家工商行政管理总局

二〇一四年四月

使 用 说 明

1. 本合同为示范文本，供中华人民共和国境内（不含港、澳、台地区）组团社和地接社就国内旅游接待业务签订合同时使用。

2. 本合同示范文本在合同有效期内可反复使用，操作单团接待业务时，与合同双方达成的具体协议（主要指《接待计划书》）共同使用。

3. 本合同示范文本中"组团社"即"组团旅行社"，是指与旅游者订立包价旅游合同的旅行社；"地接社"即"地方接待旅行社"是指接受组团社委托，在旅游目的地接待旅游者的旅行社。

4. 本合同示范文本中"履行辅助人"，是指与旅行社存在合同关系，协助其履行包价旅游合同义务 ，实际提供相关服务的法人、自然人或者其他组织。

5. 本合同示范文本中有关条款留有空白处，供双方自行约定。对双方不予约定的空白处，应当划"/"以示没有特别约定。

6. 签订合同后，双方均应认真保存合同有关资料、相关证明材料及履行合同过程中发生的有关票据资料，以备查用。

7. 本合同示范文本由国家旅游局和国家工商行政管理总局共同制定、解释。

境内旅游组团社与地接社合同

合同编号：________________

组团社：
法定代表人（主要负责人）： 职务：
业务经营许可证号：
经营地址：
经办人： 职务：
联系电话： 传真：
电子邮箱：
地接社：
法定代表人（主要负责人）： 职务：
业务经营许可证号：
经营地址：
经办人： 职务：
联系电话： 传真：
电子邮箱：

组团社将其组织的旅游者交由地接社接待，地接社按照双方确认的标准和要求，为组团社组织的旅游者提供接待服务。组团社与地接社双方经平等协商，达成如下协议：

第一条　合同构成

下列内容作为本合同的有效组成部分，与本合同具有同等法律效力：

1.《接待计划书》；

2. 双方业务往来确认；

3. 双方就未尽事宜达成的补充协议；

4. 财务确认及结算单据；

5. 其他约定：__________________。

第二条　合同当事人

组团社和地接社是依照中华人民共和国法律、法规设立的旅行社或者分社，依法取得旅行社业务资质，且在合同有效期内双方资质有效存续。

双方均应于签订合同前向对方提供营业执照、业务经营许可证（分社备案登记证明）、旅行社责任保险单、安全管理制度、突发事件处理预案等文书复印件并加盖印章。如上述信息发生变更，变更一方应于变更之日起______日内书面通知对方并提供更新后的材料。

第三条　《接待计划书》订立

组团社可以通过电话、传真、电子邮件等通信方式与地接社洽谈接待相关事宜，在此过程中双方最终达成一致的事项，应形成《接待计划书》，并由双方签字盖章确认。

《接待计划书》应明确以下内容：

1. 旅游者人数及名单；

2. 接待费用；其中地接导游费用为____________；
3. 抵离时间、航班、车次；
4. 交通、住宿、餐饮服务安排及标准；
5. 游览行程安排、游览内容及时间；
6. 自由活动次数及时间；
7. 对导游的要求；
8. 其他：____________。

第四条 《接待计划书》变更

《接待计划书》一经确认，单方不得擅自变更。

出团前如遇不可抗力或者其他原因确需变更的，经协商一致，就变更后的内容由双方签字盖章确认。紧急情况下，双方可通过电话、传真、电子邮件等通信方式进行协商，但应在紧急情况消失之日起________日内由双方签字盖章确认。

除法律、法规规定外，出团后《接待计划书》不得变更。

第五条 接待服务要求

地接社接待服务应符合：

1.《中华人民共和国旅游法》（以下简称《旅游法》）《旅行社条例》《导游人员管理条例》等法律、法规；

2. 双方约定的接待服务标准；

3. 相关的国家标准和行业标准。

第六条 接待费用结算

结算方式及期限：________________________________。

地接社应配合组团社按照接待费用结算的要求及时填写结算单，并加盖地接社财务专用章，送达组团社财务部门。组团社应在收到地接社结算单据后____日内核对，并按约定按时足额支付接待费用。

第七条 合同义务

（一）组团社义务

1. 组团社应按约定的时限、数额支付接待费用；

2. 组团社应真实、明确说明接待要求和标准，将与旅游者达成的合同、单团《旅游行程单》的副本提供给地接社；

3. 组团社应对地接社完成接待服务予以必要协助。

（二）地接社义务

1. 地接社应严格按照双方约定安排旅游行程、旅游景点、服务项目等，不得因与组团社团款等纠纷擅自中止旅游服务；

2. 未经组团社书面同意，地接社不得以任何方式将组团社组织的旅游者与其他旅游者合并接待，或者转交任何第三方接待；

3. 地接社应选择合格且具有相应接待能力的供应商；

4. 地接社应积极配合组团社做好接待服务质量测评工作，按约定通报团队动态和反馈接待服务质量信息，服务质量测评方式及达标标准双方约定为：____________________

________；

5. 要求导游引导旅游者健康、文明旅游，劝阻旅游者违法和违反社会公德的行为。

（三）双方共同义务

1. 双方约定的接待费用不应低于接待和服务成本；

2. 双方的约定应遵守《旅游法》《消费者权益保护法》等法律、法规，不应损害旅游者的合法权益；

3. 一方违约后，对方应采取适当措施防止损失的扩大；

4. 双方均应保守经营活动中获取的商业秘密；

5. 旅游行程中旅游者主张解除合同的，旅行社应当协助旅游者返回出发地或者旅游者指定的合理地点。

第八条　风险防范

1. 组团社和地接社均应按法律、法规规定足额投保旅行社责任保险；

2. 组团社应提示其组织的旅游者购买人身意外伤害保险；

3. 地接社为组团社组织的旅游者安排的车辆及司机必须具备合法有效资质，地接社选择的客运经营者应已购买承运人责任保险，且保险金额不低于____万元；

4. 组团社和地接社均应保证旅游者的安全，对于可能危及旅游者人身及财产安全的事项，应做出真实的说明和明确的警示，并采取必要措施防止危害发生和扩大；

5. 地接社接待过程中，旅游者受到人身、财产损害的，地接社应采取救助措施并先行垫付必要费用，及时向组团社反馈信息，收集和保存相关证据，组团社和地接社在责任划分明确后____日内根据各自承担的责任进行结算，属于第三方责任的，地接社应协助旅游者索赔。

第九条　旅游纠纷处理

1. 旅游者在地接社接待过程中提出投诉的，地接社应尽力在当地及时解决，并将处理情况书面通知组团社，未能在当地解决的，应及时书面通知组团社。地接社应积极配合组团社处理旅游者投诉、仲裁、诉讼等服务质量纠纷，及时提供所需证据材料。

2. 组团社和地接社应根据调查情况，划分各自应承担的赔偿责任，并于责任划分明确后____日内进行结算。因组团社原因导致行程延误、更改、取消等所造成的经济损失由组团社承担，因地接社接待服务质量问题造成的经济损失由地接社承担。

3. 因地接社接待服务质量问题所产生的经济赔偿，组团社依照或者参照如下标准做出赔偿后，地接社应在组团社提出追索请求并提供相关证明后____日内对组团社予以全额赔偿：

（1）依照组团社和旅游者约定的赔偿标准；

（2）参照国家旅游局制定的《旅行社服务质量赔偿标准》；

（3）依照法院、仲裁机构裁决所确定的数额标准。

第十条　不可抗力

1. 因不可抗力等不可归责于合同任何一方的事由致使一方不能履行合同的，应根据影响程度，部分或者全部免除责任，但迟延履行后发生不可抗力等不可归责于合同任何一方的事由的，不能免除责任。

2. 一方因不可抗力等不可归责于合同任何一方的事由不能履行合同的，应当及时通知另一方，并在合理期限内提供证明。双方应采取合理适当措施防止损失扩大，因一方未履行相关义务造成对方损失的，应承担赔偿责任。

3. 因不可抗力等不可归责于合同任何一方的事由导致行程延滞的，组团社和地接社应及时与旅游者协商、调整行程，所增加的费用，同意旅游者不承担的部分由组团社和地接社协商承担。

4. 因不可抗力等不可归责于合同任何一方的事由危及旅游者人身、财产安全的，组团社和地接社应采取相应的安全救助措施，所支出的费用，同意旅游者不承担的部分由组团社和地接社协商承担。

第十一条　违约责任

1. 组团社未按合同约定按时足额支付接待费用，应以未支付团款为基数，按日__%向地接社支付违约金，违约金不足以弥补实际损失的，按实际损失赔偿。

2. 组团社因如下情形造成地接社经济损失的，应按实际损失向地接社承担违约责任。

（1）接待要求、标准等信息说明不明确或者错误；

（2）未对地接社完成接待服务予以必要协助。

3. 地接社未经组团社书面同意，将组团社组织的旅游者与其他旅游者合并接待，或者转交任何第三方接待，地接社应向组团社支付当团接待费用____%的违约金，违约金不足以弥补实际损失的，按实际损失赔偿。

4. 地接社未按合同约定选择合格且具有相应接待能力的供应商，地接社应向组团社支付当团接待费用____%的违约金，违约金不足以弥补实际损失的，按实际损失赔偿。

5. 因地接社违法违规行为导致组团社受到行政处罚的，地接社应向组团社支付当团接待费用____%的违约金，违约金不足以弥补实际损失的，按实际损失赔偿。

6. 地接社未能在当地解决旅游者提出的投诉，又未及时书面通知组团社的，地接社应就造成的损失承担赔偿责任。

7. 组团社和地接社双方或者任何一方未积极采取补救措施防止损失扩大，在各自责任范围内就扩大的损失承担赔偿责任。

8. 组团社和地接社任何一方泄露在经营活动中获取的商业秘密，违约一方应向另一方支付当团接待费用____%的违约金，违约金不足以弥补实际损失的，按实际损失赔偿。

第十二条　合同解除

1. 组团社超出约定付款期限____日以上未支付接待费用的，地接社有权解除合同，并要求组团社承担相应的赔偿责任。

2. 地接社接待服务质量未达到本合同第七条第（二）款第4项约定的达标标准____次（含本数）以上的，组团社有权解除合同，并要求地接社承担相应的赔偿责任。

3. 因地接社原因引发旅游者有责投诉、仲裁或者民事诉讼____次（含本数）以上，组团社有权解除合同，并要求地接社承担相应的赔偿责任。

4. 因地接社违约给组团社或者旅游者造成经济损失，地接社拒不改正或者拒绝赔偿____次（含本数）以上，组团社有权解除合同，并要求地接社承担相应的赔偿责任。

5. 双方约定合同解除的其他情形：________________。

第十三条　争议解决

组团社和地接社因单团接待业务引发的争议，可协商解决，协商不成的，按下列第____种方式解决（选择一种）：

1. 提交仲裁，双方约定仲裁委员会为__________（标明仲裁委员会所属地区和名称）；

2. 提起民事诉讼，双方约定诉讼管辖地为________（限于被告住所地、合同履行地、合同签订地、原告住所地、标的物所在地）。

第十四条　合同效力与期限

1. 本合同一式____份，双方各持____份，具有同等法律效力。

2. 本合同自双方签字盖章之日起生效，有效期为____。一方可于合同有效期届满前____日向另一方书面提出续签合同。

3. 本合同终止或者解除时，双方在合同有效期内已确认的接待计划应当继续履行。

组团社签章：　　　　　　　　　　地接社签章：
签约时间：　　　　　　　　　　　签约时间：
签约地点：　　　　　　　　　　　签约地点：

附录四 案例研讨表

案例名称：			
工作任务		完成时间	
任务目标		任务要求	
研讨内容			
研讨过程			
评价			

自我评价	小组评价	教师评价